我的父親當時三十三歲，身高六呎四吋，來自紐約布魯克林，他是一位英俊的詩歌教授，熱愛運動，任職於加州大學柏克萊分校；我的母親也很迷人（那種書呆子式的魅力），三十歲（我碰巧跟她同一天生日），身材瘦長（懷孕前），身高五呎十一吋，來自賓夕法尼亞州的艾倫敦市，在加州大學的推廣教育中心擔任英文講師。他們是在明尼蘇達大學攻讀博士學位時認識的，後來父親得到柏克萊大學英語系終身制軌道（tenure-track）的教職後，兩人便搬到了舊金山灣區。他們原本就打算共組家庭，因此我的姊姊在我出生的三年半前出生，她的出現是場意外，而我則是計畫中的孩子。

那個年代的醫生認為，假如丈夫（也就是我的父親）親眼目睹自己的妻子（也就是我的母親）趟在產檯上痛苦掙扎地將一個小小人類（也就是我本人）從陰道中擠出來，然後到處都是汗水、尿液與糞便，那麼這對夫妻的性生活很可能就毀了。於是，我的父親被「驅逐」到走廊盡頭的等候室（當時那種房間叫做「送子鳥俱樂部」）。他在那與其他慌張不安又手足無措的準爸爸們一起度過了幾個小時，焦急地來回踱步、抽菸，不時盯著牆上的時鐘。終於，等候室的門開了。護士喊了父親的名字並告訴他，母子平安，產婦稍作休息之後就能開放探視。其中一位準爸爸遞給他一根雪茄，另一位則拍了拍他的背。父親心中

Chapter 1

據我所知，我身為心理實驗對象的人生起點，是從我出生的那一刻開始的。

一九六八年四月十日，凌晨一點三十八分，我在加州奧克蘭某家醫院的產房出生。根據母親的說法，我是個奇醜無比的嬰兒。與其說是兩道眉毛，我的眉毛是在眉心連成一條線，也就是所謂的「一字眉」。這種樣子在墨西哥畫家芙烈達．卡蘿或是籃球員安東尼．戴維斯的臉上或許很有魅力，但換作是一個新生兒卻令人望之卻步。又因為我患有嚴重的黃疸，皮膚與眼白都呈現著奇特的黃色，好像散發著輻射一樣。除此之外，我的顱骨在通過產道時受到擠壓而嚴重變形。婦產科醫生對這不幸的外貌不知所措（說得好像有其他辦法一樣），也不知所云（說得好像還有什麼可以說似的），最後只能剪斷臍帶並將我推到母親的手中。

作者的話

這個故事描寫我在探索一項心理實驗如何對我的人生帶來影響的歷程。研究對象除了我之外，還有一百多位生活在加州柏克萊的兒童，實驗長達三十年，用來預測我們長大後會變成怎麼樣的人。這項實驗同時也形塑了我的人生樣貌，以及我所成為的那個人。

在本書中，除了我本人之外，其他參與研究者的姓名、身分資料以及在研究中的個案編號均已更改。

本書所記述的內容是我現在對過去經歷的回憶。部分事件的細節經過刪減，部分對話則是重新杜撰。

目次

儘管接受眼前所看到的真實世界。

生活就是這麼簡單。

——《楚門的世界》（*The Truman Show*）

DATA BABY

我被心理實驗監控的人生

蘇珊娜・布雷斯林 Susannah Breslin

李昕彥 譯

當你還是個孩子的時候，被你的父母當成了人類實驗室的老鼠，
這會改變你的人生嗎？你願意被改變嗎？

My Life in a Psychological Experiment

獻給那些

敘說故事又保守祕密的女孩們

叭褲下擺縫上紫金色的緞帶，加長褲管來襯他那雙長腿。他那特別寬大的雙腳正穿著一雙十四號的棕色綁帶踝靴，橡膠鞋底則是白色的。

父親坐在駕駛座上，注視著對街幾乎占據了整個街區的低矮建築，它們由兩座單層建築組成，屋頂是平的，外牆粉刷成暖橘色，搭配深紅木色的管線，呈現灣區的現代主義風格。行政辦公室在北側那棟長方形建築裡面，教室則設在南側的T型建築之中。一道高大的深紅木圍籬在右側一直延伸到轉角處，剛好擋住路過行人想要窺探戶外遊戲區的視線。一塊原木招牌插在門前的藤蔓中，四周圍繞著李樹，招牌上的白漆寫著：

> 加州大學
> 哈洛德・E・瓊斯
> 兒童研究中心
> 亞瑟頓街2425號

四十年前，一項由蘿拉・斯佩爾曼・洛克斐勒紀念基金會（Laura Spelman Rockefeller

Memorial）主導的開創性計畫資助北美六所大學設置兒童研究相關機構，包括耶魯大學、哥倫比亞大學、愛荷華大學、明尼蘇達大學、多倫多大學，以及唯一一所位於美國西岸的加州大學柏克萊分校。加州大學柏克萊分校的兒童福利研究所旨在「從人生的最早階段開始研究人類發展的各項影響因子」。然而，研究人員需要兒童作為研究對象，於是一所專屬的實驗性幼兒園就提供了雙贏的解決方案：大學裡的教職員可以藉此獲得方便實惠又兼具品質的托兒服務，而研究人員及學生則從中獲得年幼的人類受試者。

這所幼兒園一開始設在大學校園南邊一棟寬敞的木造建築中，研究人員可以在一座有屏風的涼亭觀察那些在庭院裡玩耍的孩子。「不讓孩子們知道自己是研究對象」，是一開始就強調的原則。一旦孩子們察覺有人在觀察自己，便可能因為「觀察者效應」（the observer effect）而出現行為改變——這種現象指的是被觀察的現象或事物會因為觀察行為而受到一定程度的影響。

到了一九五〇年代末期，兒童福利研究所更名為人類發展研究所（the Institute of Human Development），而原本作為幼兒園臨時據點的那棟建築物已經殘破不堪，被判定為危樓。後來，加州大學徵招建築系教授約瑟夫・艾雪瑞克（Joseph Esherick）在此重新設計一棟新建築。艾雪瑞克教授人高馬大且談吐簡潔，後來還設計了舊金山的罐頭工廠購物中心、索諾瑪縣海岸線上的海牧場示範住宅以及蒙特雷岸邊的蒙特雷灣水族館。艾雪瑞克於一九八九年榮獲美國建築師學會頒發金獎，並與美國建築師法蘭克・洛伊・萊特（Frank Lloyd Wright）、瑞士建築師勒・柯比意（Le Corbusier）及美國建築師貝聿銘齊名。艾雪瑞克曾經說過，「理想的建築不露鋒芒」。不過他在此之前從未設計過幼兒園，更別說是專門用來觀察兒童而設計的幼兒園。一九六〇年，這所以該人類發展研究所已故所長哈洛德・E・瓊斯（Harold E. Jones）之名命名的兒童研究中心盛大開幕。

我的父親看了看手錶，快要八點了。他毅然推開駕駛座的車門下車，踏著堅定的步伐穿越馬路。他走在人行道上順著Z字形的斜坡走向入口。走到斜坡頂端後右轉，再沿著兩棟建築之間的混凝土步道向東走。步道上頭是一座深紅木搭建的棚架拱道，棚架上覆蓋著透明的亮色塑膠板——紅寶石色、橘紅色、檸檬黃及藍綠色——這些透明色板在晴天的時候會在兩側牆面、窗戶及走道上投射繽紛的色彩光影。行至走道的四分之三處時，他向左轉，接著就走進了主辦公室。

「你好。」前台的一位女士說道。

「早安。」我父親伸手從外套口袋中拿出一個信封，裡面裝著我的入學申請表。他將信封遞給她。「這是我女兒的申請表。」

她接過信封。

「她在六個小時半前剛出生。」他說。

「恭喜。」她的口氣似乎不怎麼驚喜。

「我們聽說要這樣申請才行，因為要排隊候補。」

「感謝你的青睞。」她帶著微笑說著，表情意味深長。

接著，我的父親順原路離開並開始加快腳步。他請了一天的假，現在任務已完成。他明天就得開車去學校，他的辦公室在惠勒演講廳的四樓。那是一棟古典復興主義式的灰色石造建築。他可以在陽台上欣賞柏克萊的景色，包含灣區以及金門大橋。接著他會走回辦公室並坐在打字機前，繼續寫他的書。

四年之後，一九七二年的八月中，某個一如往常的早晨，我的母親站在家門前的車道上，那是一棟粉刷成淡粉色的兩層樓房，地點就在北柏克萊山下一條陡峭單排房街道的底部。她留著一頭短捲髮，臉上掛著一副八角鏡框眼鏡，身穿一件亮橘色的無袖迷你連身裙，腳踩一雙棕色的皮涼鞋，看起來就像是戰爭與智慧女神雅典娜會穿的那種款式。她翻了個白眼並大聲嘆氣，用力拉開那輛道奇 Dart 的右後座車門。

「天啊，別再磨蹭了，行不行！」

母親那尖銳的聲音將發呆的我嚇醒了，我正站在門廊前的台階上做白日夢。「啵！」地一聲，我的右手拇指從嘴裡滑了出來——母親提醒我不知道多少次了，不要吸拇指（「再吸下去，你會變成暴牙！」）。我開始一步步走下台階。前一天，我母親在後院拿著縫紉剪刀將我那一頭淡棕色頭髮修成了齊瀏海的妹妹頭。當時我的姊姊正拿著掃帚在後院的草皮上來回奔跑，假裝騎馬——那是她最喜歡的動物。為了我第一天上幼兒園，母親特地為我換上一套又粉又紫的變形蟲圖紋上衣，以及相同花色的喇叭褲，腳上穿著白色的 Keds 休閒帆布鞋。

「我們要遲到了！」

我慢慢地從階梯上走下來，踏上人行道，再走上車道。等我走到車邊時，我抬頭望著她，她低頭盯著我。

「快上車啊！」她大喊著。接著她一把將我推進後座，扣好安全帶，用力地關上車門。兒童研究中心的信在那年春天寄到了家裡。母親站在玄關，手裡拿著信封，心中默默祈禱他們會錄取我（儘管她早就不信神了，不過每當感到絕望時，她時不時仍會求神保佑）。她撕開信封，信中寫道：「我們滿心歡喜地歡迎蘇珊娜在今年秋季入學。」（遺憾的是，我的父母太晚聽說兒童研究中心的消息，因此沒能替我姊姊報上名。不過她還是有參加那年夏天的暑期班。）母親在空蕩蕩的屋子裡興奮地尖叫著，接著又立刻舉起手摀住嘴巴，其實根本沒有人聽得到她的聲音。

我的母親是兩位教育工作者的長女（下面還有個妹妹），她以全班第一名的成績從麻薩諸塞州南哈德利的曼荷蓮學院畢業。該校是著名的「七姊妹學院」之一，過去是全女性就讀的學院聯盟，相當於男性主導的常春藤聯盟。該校的校訓來自《詩篇》144:12：「我們的女兒如同殿角石，是按建宮的樣式鑿成的。」她在明尼亞波里斯攻讀博士是想成為一名英語教授，然後就在那時遇見了我的父親。我的父親當時正在與系上的祕書約會，那是一位擁有深褐色濃密頭髮、身材玲瓏有致的美女，她那時候已經有個年幼的兒子（但是她沒結過婚，我的母親語帶不屑地表示），而且那個女人沒有我的母親聰明（這是她的推論，好讓自己能更勝一籌的得意）。我母親從那樣更符合傳統審美觀的女人手中搶走這麼一位英俊聰明的男人，她對此可是得意洋洋。

母親最終沒有拿到博士學位，而是選擇了結婚。她跟著父親來到柏克萊，然後就懷孕了。她退而求其次地選擇兼課教書。隨著母親的職涯陷入停滯，父親的事業卻蒸蒸日上。他取得博士學位並獲得終身教職，接著又出版了他的第一本書——內容研究詩人威廉．卡洛斯．威廉斯（William Carlos Williams）的作品，當時該書廣受好評。

當她將車子倒出車道時，心裡正想著，如今我已經進幼兒園，而我姊也上公立小學了，那麼她接下來該怎麼打算才好。她應該會完成她的博士學位，然後像父親那樣成為一名教授。她也想寫書。

十分鐘後，她正駕車繞行馬林圓環，中間那座混泥土噴泉邊上裝飾著幾隻站著的黑熊，正對著空中吐著孱弱的水流，她突然覺悟了：我再也不想當媽媽了。她轉出圓環並開上洛杉磯大道，心中盡是羞赧。然而，身為母親就是一份永無止境又全年無休的苦差事——沒有薪水，也沒有休假，她還得付出全部時間與心力去應付兩個個頭那麼小、教育程度又遠不如自己的小孩，而且每天盡是永無停歇、不合邏輯的需求。八年間經歷兩次孕期——大致來說還算輕鬆，不過說真的，子宮裡孕育一個生命談何「輕鬆」？——再想想之後數不清的換尿布次數，她早就忘了自己是誰了。

她沿著牛津街向南開，內心想著自己到底是不是一個壞媽媽，還是自己不過就是坦承內心的想法罷了。她在查寧街踩了煞車，等待一群大學生向北緩慢移動去上早課。她前幾年曾去舊金山看過珍妮絲．賈普林的演唱會。珍妮絲在演出中途拿出一瓶傑克丹尼威士忌暢飲，然後繼續高歌。當母親將方向盤向左轉時，她有股想要重啟人生的衝動——沒有婚姻、沒有懷孕、沒有自己這一路走來的過往。那是胸口一種椎心的痛楚。

阿瑟頓街擠滿了車輛。她在轉角處停好車，一把將我從後座拉出來，然後拽著我小跑步過馬路，接著低頭閃過圍牆轉角處那棵巨大橡樹的垂枝。走到入口坡道後，我們就混入其他母親與孩子組成的人潮之中。（其他父親也像我爸一樣，都在上班。）

我在西側教室的門口停了腳步。

「過來，蘇！」母親哄著我說，盡量讓自己聽起來很歡快。她還有一堆待辦差事要處理，還要閱讀，還要寫論文。她不願意再為他人的需求屈就自己一秒鐘。她強忍著不讓自己吼出聲。

當我跨過門檻的那一刻，我的人生也就此轉變了。我在不知情的情況下成為上百位柏克萊受試幼兒的行列，而這些孩子將在接下來的三十年間成為一項開創性心理學實驗的研究對象，目的是要預測我們長大後會成為什麼樣的大人。

我所參與並成為研究對象的心理學實驗正式名稱為「布洛克縱貫性研究，1969-1999」（Block and Block Longitudinal Study, 1969-1999），一般人普遍稱之為「布洛克研究」（Block Study）。然而，就家長而言，假如沒有取得他們的書面同意，這些研究人員就不可以對我們進行研究，因此我們的父母被告知這項研究名為「布洛克計畫」（Block Project）。（安排這樣的名稱應該就是為了讓父母安心，避免因為孩子變成人體實驗白老鼠而感到恐慌。畢竟，任何認識科學研究的人都知道，「計畫」與「研究」可是兩碼子的

事情。）

一九六九年，加州大學柏克萊分校的心理學研究夫妻檔傑克・布洛克（Jack Block）與珍妮・布洛克（Jeanne Block）決心透過研究去解答一個簡單明瞭的問題：假如將一個孩子當作研究對象，那我們是否可以預測這個孩子長大後會變成什麼樣的人？

人格心理學（personality psychology）在一九六〇年代末期正面臨著危機。知名史丹佛大學心理學教授沃爾特・米歇爾（Walter Mischel）——最廣為人知的應該是研究兒童延遲滿足的棉花糖實驗——他於一九六八年出版了新書《人格與評量》（*Personality and Assessment*），斷言人格毫無根據。根據布洛克夫婦這樣的人格特質心理學家的觀點，人格特質會對人類行為造成影響，而這些特質會持續穩定發展，因此主張人類行為是可預測的。然而，對於米歇爾這樣的情境主義者來說，人類行為是由個體所處情境形塑而成的，因此行為是無法預測的。那麼，究竟誰對，誰錯呢？

布洛克夫婦為一項前所未有的縱貫性研究擬定計畫，該研究設計將在短期或長期內持續追蹤相同的變因。他們希望透過這項研究來證明英國詩人威廉・華茲渥斯（William Wordsworth）在一八〇二年《我心雀躍》（*My Heart Leaps Up*）一詩中寫下的「孩童是成人之父」（The Child is the father of the Man）所言不假。這對夫妻檔將在接下來的三十年追蹤一群兒童在生活中的成長演變，從幼兒時期直至成年。要從這麼小的年紀開始研究一群孩子，然後持續那麼多年，這可是相當艱鉅的一項任務。

我們這群孩子會從兒童研究中心連續三屆的學齡前孩子中選出。除了學齡前階段的研究之外，我們還會在九個關鍵發展階段接受評估：分別是三歲、四歲、五歲、七歲、十一歲、十四歲、十八歲、二十三歲以及三十二歲。布洛克夫婦、也就是我們的共同首席研究員，以及他們的研究團隊會在那棟T形建築裡一間與教室對稱的密室觀察我們。另外在長方形的建築裡，評鑑人員會在配有單面鏡與監聽裝置的測試空間裡對我們進行個別評估。幼兒園的老師也會受訪，分享他們對孩子們在人格方面的見解。學齡前教育結束之後，我們就會分散各地並進入不同的小學就讀。從那個時候開始，我們就會在托爾曼大樓（Tolman Hall）接受評估。該大樓位於大學校園的北側，充滿壓迫感的野獸派風格混凝土建築，東側是教育研究所，而西側則是布洛克計畫的總部所在地——心理學系所。

一直以來，鮮少有人進行縱貫性研究，因為這樣的研究成本高昂又不易管理，不過卻是科學研究界的頂峰。布洛克夫婦認為，要是這項研究少了那麼些野心，對於人類成長的認知就只會流於表面。正如傑克・布洛克於二〇〇六年發表在《美國心理學家》（*American Psychologist*）期刊上的論文《挑戰為期三十年的縱貫性研究》（*Venturing a 30-Year Longitudinal Study*）所說的：「如果釣魚只在淺灘拋魚線，那就只能釣到小魚。想要釣到大魚，就必須在深水抓魚。」

這麼多年來，布洛克夫妻一直透過他們稱為「L.O.T.S.」的數據對我們進行研究。L資料（L-data）包括我們的人生歷程、人口統計資訊以及學校教育；O資料（O-data）則來自評鑑人員、父母及教師對我們的觀察；T資料（T-data）代表我們接受的各種測驗結果，包括智力測驗、人格測驗、GSR皮膚電導反應測試等等；最後是S資料（S-data），也就是我們自行報告（self-reported）的資料，有關我們在訪談中所透露的內容。我們的成績單也會被納入評鑑。心理學家們會對我們進行分析。六歲的時候，我們會在家中接受研究。評鑑可能會在一對一的情況下進行，也可能是我們在與其中一位家長互動時進行，也會在我們與父母雙方互動時進行。評鑑人員會與我們的父母進行訪談，關於育兒方針、婚姻以及離婚狀況，以及我們與手足之間（如果有的話）的相處關係。我們的人格特質（traits）與特徵（characteristics）會受到量化並分類，其中包括我們對延遲滿足的能力、默念著「感謝上帝」，儘管他是無神論者。

「她以後會長得很高。」在病床邊直挺挺站得像個衛兵的父親觀察一陣子後這樣表示。一位護士拿了枕頭讓母親靠坐著，然後將我安放在她的臂彎中。我很健康，父親也鬆了一口氣。十根手指，十根腳趾，長得也像個正常的嬰兒——不過他原本希望是個兒子。他一直期望可以教自己的兒子打籃球。一想到我以後的身高（這點他料事如神），他便推論我應該是打籃球的料。他開始計畫怎麼教我上籃。

對此，我的母親不置可否。她將一頭波浪紅長髮鬆鬆地往後扎，身上穿著一件矢車菊印花圖案的白色病袍。她的體內在分娩後湧動著催產素與腦內啡，她凝視著我的臉龐，試圖透過面相占卜我的未來。她想要忽略我那條不怎麼討喜的眉毛（那對？她立刻修正）、泛黃的膚色以及扭曲變形的頭顱，再看看我寬大的額頭、長長的睫毛及圓圓的臉蛋——這讓她想起當時正在競選美國總統的理查・尼克森。現在這個階段還很難看出個所以然。也許我長大會成為老師，或是作家，或是其他與語言、文字或書籍有關的職業（就像我的父母一樣），她這麼期望著。

「你帶了嗎？」

我的父親點點頭，並拍拍身上那件軍綠色外套的口袋。那件外套是他在二手店買到的，原本的主人曾經參與一場父親無意投筆從戎的戰爭（而他也取得了免役資格）。

「我得走了，我不想遲到。」他拍拍母親露在被單外的左腿，自以為這樣的關心便已足夠。「我不在的話，你應付得來嗎？我應該一個小時內就會回來。」

「我們沒事的。」

他在母親的臉頰上馬虎地親了一下。

他在停車場裡坐進那輛一九六七年產的道奇 Dart 米色四門汽車的駕駛座，接著發動引擎並駛出停車場，接著向北行駛。他穿越城市邊界，進入柏克萊。距離柏克萊大學以南兩個街區的地方，他停在一條民宅居多的街道西測。他可以看見遠處籠罩在霧氣之中的柏克萊山，白色霧氣如絲一般盤旋在紅杉、松樹與尤加利樹的樹梢。

他來早了，只好先坐著等。頭頂的淡棕色頭髮已經漸漸稀疏。由於遺傳以及天生憂慮的關係，一雙碧眼的下方已經浮現黑眼圈。他在那件夾克裡面穿著一件長袖丹寧襯衫，襯衫左胸的口袋上有我媽縫的一塊名牌，上面的紅色草寫字體繡著「ＪＩＭ」。與其說是大學教授，父親看起來更像個加油站的打工仔——他反而更喜歡這種形象。母親還在他的喇注意力分散的程度、展現好奇心的程度、是否樂於冒險、創造性表達、企圖心程度、「道德發展」程度以及自我中心主義的發展。

傑克在論文中描述他們的研究方法，並對我們接受的諸多評鑑方式提供了鉅細靡遺的說明：

> 因此，我們採用多種測量方式進行研究，例如：活動量（activity level）、延遲滿足（delay of gratification）的能力、注意力分散（distractibility）的傾向、警覺性、探索行為、動作抑制——透過像是「老師說」（Simon Says!）這樣的遊戲、接受觸發的敏感度、滿足（satiation）與共同滿足（cosatiation）反應、計畫性（planfulness）、好奇心、面對困境或挫折時的工具性行為（instrumental behavior）、雙重注意力焦點（dual focus），即分心能力、對知覺錯覺的敏感度、冒險傾向、達成志向的程度、回饋的利用、擴散性思考及其他創造力的指標、詞聯想測驗，旨在衡量聯想漂移（associative drift）、各種認知風格，例如場地依賴／獨立、反思／衝動性、分類範圍的廣度、知覺標準、性別角色化、自我中心主義、面相學觀察、偶發性學習（incidental learning）、比喻生成、短期記憶（藉由數

字廣度測驗）、記憶句子、記憶敘事故事、道德觀的發展、說謊時的皮膚電導反應、受到驚嚇時的皮膚電導反應、從驚嚇中恢復的速度、情緒的現象學表現、三歲與十一歲時的自由遊戲觀察——根據心理學家艾瑞克·艾瑞克森（Erik Erikson）的方法、自我概念陳述、不同內在決策難度的情境下所需的決策時間與決策信心、面對一系列壓力刺激下的血壓及心率變化、憂鬱現實主義（depressive realism）、錯誤共識效應（false consensus）以及核心關係衝突的主題。我們還採用了完整的魏氏智力量表（Wechsler intelligence test），分別在四歲、十一歲及十八歲時進行測量、瑞文氏圖行推理測驗（Raven Progressive Matrices Test）、皮亞傑的守恆概念測驗（Piagetian measures of conservation）、語意檢索（semantic retrieval）測驗；洛文菲爾德馬賽克測驗（Lowenfeld Mosaic Test）、斯特魯普實驗（the Stroop Test）、用來測量理解隱喻能力的柯根隱喻測驗（Kogan Metaphor Test）、盧雲格（Loevinger）的自我發展造句測驗、凱利的角色建構測驗（Kellys' Rep Test）、斯派瓦克（Spivack）與舒爾（Shure）的人際關係問題解決能力測驗、對理想自我、母親、父親與期望對象的描述、面對一系列情境的情緒表達表演（錄影記錄）、一周經驗取樣（透過呼叫器完成）、健康指標、活動與興趣指標、長時間的深入臨床訪談（現在以DVD形式保存），訪談內容涵蓋成人依附（adult attachment）關係、認知方式（ways of knowing）與自我發展（ego development）等主題；診斷訪談量表（Diagnostic Interview Schedule）審查，主要對應《精神疾病診斷與統計手冊》（Diagnostic and Statistical Manual of Mental Disorders）的分類系統，以及上百種人格評量相關的問卷與清單。不論是在建構及進行這些評估的過程中，我們始終重視各項測驗與受試者間的年齡適配性。我們對當代心理學的各項文獻也保持關注，持續在評估中引入與我們核心概念相關的最新主題及與時並進的測量工具。

「不是我在吹噓，這是觀察結果，」他在論文中如此強調他們的科學研究成果，語氣就像個驕傲的父親，「心理學領域中，應該沒有其他如此廣泛深入又經過長期評估的研究了。」

我對於布洛克計畫最早的記憶，應該是四歲的時候。我在幼兒園時也根本不知道自己是什麼研究對象，完全不知道兒童研究中心裡有任何人在觀察我。我完全沒意識到西側教室的左牆上，那片八英呎寬的無玻璃格子窗後方有一道亮著微光的狹長觀察走廊，那裡有一位（或多位）研究員正坐在藍面的金屬高腳凳上，面前有張嵌入式的木桌，桌上有一盞燈，而他們正在記錄我的一舉一動。

某天早上，那時候我已經讀幼兒園幾個月了，我走過教室南側那面橘色的落地窗，陽光正從窗戶灑落，接著走進室外遊戲場。印象中，那天的天氣很溫暖，其他孩子們在那裡奔跑、跳躍、尖叫、跳舞、騎三輪車，以及堆積木。我站在直立式的沙坑旁邊，全神貫注地拿著一只塑膠杯，先在一旁的室外水龍頭將杯子裡的沙子打濕，然後開始蓋沙堡。一位不是我的老師的女人突然出現在我身旁。她蹲下來，蹲到我們可以對視的高度。

「想去遊戲室嗎？」她問。

我跟著她穿過教室及走廊，接著從一道玻璃滑門來到另一棟建築物。我坐在一個小房間的一張桌子前，面對著那道玻璃滑門，望過去就是自己原本所在的那棟建築物。（根據一份二〇一三年柏克萊市的「兒童研究中心地標申請書」中所提供的說明，「這樣的設計能讓孩子更加安心，因為他們從這個角度可以在測試區看到自己熟悉的環境。」）那位女士對我點點頭表示同意，我就開始玩拼圖，那些拼圖形狀是各種農場動物的形狀，有馬、驢、豬……等等。等我完成之後，她遞給我一個小禮盒作為獎勵，不過我已經不記得裡面裝的東西了。

我對布洛克計畫的下一段記憶大約是六歲時的事情。某天下午，一位女士拜訪我們家。當時我已經從幼兒園畢業，在一所很另類的私立小學唸一年級，一起上學的同學家長們都是喜歡將小孩取名「陽光」或「風暴」的那種人。我的母親並沒有告訴我來者何人，只說她就是來看我玩的。我上樓走進自己的房間，那位女士也跟著我一起。我不安地從床尾的玩具箱中拿出幾隻絨毛玩具。那位女士看著我將那些動物們安排成一場茶會，我擺上茶杯與茶盤。她時不時會在筆記本上記錄些什麼，我偶爾也會抬頭看著她，她則會肯定地對我微笑。不用多久，我就根本忘了她的存在了。

我第一次在布洛克計畫中意識到事情並不像表面所見那樣簡單時，大概是七、八歲。那時我坐在托爾曼大樓某個實驗室的桌前。印象是春天，而且那天的風應該很大，教室南面窗戶外的紅杉樹枝不停地掃向玻璃窗，聽著就像是什麼東西正打算爬進來一樣。那間房間十分簡陋又冷清。牆面是白色的，或是偏白的，地毯好像灰灰綠綠的——我現在看到這種顏色就會聯想到那些只會路過卻不會久留的地方，像是看病時的候診室或監理站。

走進房間後的左手邊有台黑色壁掛電話，但是上面沒有號碼盤。我覺得很奇怪，因為我家廚房也有一台黑色壁掛電話，上面是有號碼盤的，不然怎麼打電話呢？我的對面牆上有一面高大於寬的全身鏡，鏡子左側有一扇鉸鏈小門，長寬約兩英呎，方便在兩個房間之間傳遞東西。旁邊還有一盞紅色小燈，燈沒亮，至於這燈的用途我至今也沒搞清楚。

房間裡有兩個人——一個男人與我。這男人又高又瘦，自帶憂鬱的神情，還戴著一副金色細框眼鏡。他連續問我好多問題：喜歡什麼、不喜歡什麼、對父母與姊姊的感覺、長大後想做什麼（當獸醫，因為我喜歡動物，特別是貓，我們家就養了三隻）。不久前有人將我從學校接來這裡，不是我爸媽，因為他們工作很忙。現在已經傍晚了。

「想吃糖果嗎？」他禮貌地問我。

我看著自己與他之間的桌上有一碗 M&M 巧克力。當時距離午餐時間已經過了好幾個鐘頭，我好幾個小時沒吃東西，肚子都要餓扁了。我的肚子正好咕嚕咕嚕叫著回應。不過我還是猶豫了。我每次喝太多牛奶的時候，我的母親都會叫我「小豬」。（「小豬、小豬、小豬！」她會站在冰箱前面，手裡拿著一瓶快喝完的半加侖裝牛奶，氣急敗壞地罵著。）要是我吃了這男人的糖果，他會不會也覺得我像小豬一樣貪吃？要是他這樣想的話，我可能就不能再來了。我其實很喜歡來這裡，進來這些房間之後，我就像是舞台的焦點一樣。

我在家總覺得自己像個透明人。當時我的母親在東灣一所小型私立大學擔任英文教授。我的父母都忙著工作，教課、批改作業、爭取終生教職以及寫書。我姊姊平常不是不理我，就是在吃早餐的圓桌上用麥片盒子在我們之間築起一堵牆，只因為我老盯著她看；我想當跟屁蟲與她及她的朋友去逛一元商店時，她就會將我的一根手指往後扳到我哭出來才肯放手。因此，大多時間我都一個人待在房間裡與絨毛娃娃玩耍，或是跟家裡某隻貓說話，或者自編自演一齣又一齣的家庭情節劇，主角們是我那間一九五〇年代錫製雙層娃娃屋的成員——那間娃娃屋是外婆送我的。（當時外婆遠在賓夕法尼亞州，我們每年只在聖誕節去拜訪她。我感覺得出來，我的母親不喜歡我的外婆。）

我在托爾曼大樓裡感覺自己被看見了。這些人想知道關於我的一切，我是誰、我對這世界的想法，我想成為怎麼樣的人。當我開口說話時，他們都會認同地點頭。那就是我一直渴望的感覺——我很特別。

保險起見，我決定忽略自己的飢餓感，我對他搖頭說不要。

「喔，我突然想到有件事情忘記處理了，」那個男人過了一會之後說，接著就站了起來，「蘇珊娜，我去處理一下事情，你待在這裡就好。」

就在他離開並帶上門的那一瞬間，我立刻從椅子上跳起來撲向那碗糖果。結果一個不小心竟打翻了糖果。我驚慌失措地看著一顆顆 M&M 巧克力在桌面上胡亂彈跳。我伸手抓了好幾把塞進嘴裡。

我突然僵住了。我望著鏡子裡自己那發燙通紅的臉頰，太丟臉了。（剛才那是什麼？有人咳嗽嗎？還是有影子晃動？什麼東西動了一下？）我覺得有人在鏡子後面看著我——雖然好多年後，我才弄清楚那個人的身分。

——

我是在充滿書香氣息的家庭長大的。客廳的嵌入式書櫃塞滿了書，二樓主臥外那封閉式陽台的書架上也堆滿書，那裡是父親平常寫作的地方，我們都說那是書房。主臥的床頭櫃上也搖搖欲墜地堆著一座座傾斜的書塔，馬桶水箱上有些書像是讀了一半，有些看起來再也不會拿起來讀了。

我的父母閱讀成痴，涉獵範圍極廣，各種類型都有接觸，小說如威廉・福克納（William Faulkner）的《我彌留之際》（*As I Lay Dying*）、拉爾夫・艾里森（Ralph Ellison）的《隱形人》（*Invisible Man*）、希薇亞・普拉斯（Sylvia Plath）的《鐘形罩》（*The Bell Jar*）；非小說類作品如湯姆・沃爾夫（Tom Wolfe）的《刺激酷愛迷幻考驗》（*The Electric Kool-Aid Acid Test*）、維吉尼亞・吳爾芙（Virginia Woolf）的《自己的房間》（*A Room of One's Own*）、弗雷德里克・道格拉斯（Frederick Douglass）的《美國奴隸：弗雷德里克・道格拉斯生平記述》（*Narrative of the Life of Frederick Douglass*）；詩歌類如荷馬（Homer）的《伊里亞德》（*The Iliad*）及《奧德賽》（*The Odyssey*）、奧德雷・洛德（Audre Lorde）的《黑色獨角獸》（*The Black Unicorn*）與《艾蜜莉・伊莉莎白・狄金生詩集》（*The Complete Poems of Emily Dickinson*）；散文類則有拉爾夫・沃爾多・愛默生（Ralph Waldo Emerson）的《論自立》（Self-Reliance）、瓊・蒂蒂安（Joan Didion）的《向伯利恆跋涉》（*Slouching Towards Bethlehem*）、詹姆斯・鮑德溫（James Baldwin）的《土生子札記》（*Notes *of a Native Son*），還有回憶錄類如湯亭亭（Maxine Hong Kingston）的《女戰士》（*The Woman Warrior*）、埃利・維瑟爾（Elie Wiesel）的《夜》（*Nights*）、馬雅・安傑洛（Maya Angelou）的《我知道籠中鳥為何歌唱》（*I Know Why the Caged Bird Sings*）。

我的父親平時會慵懶地躺在客廳沙發上閱讀，而我的母親則習慣坐在床上讀書。假如臨時找不到他們，他們不是躲在浴室門後或泡在浴缸裡看書，就是正坐在馬桶上讀書。我在九歲那年修改了長大想當獸醫的志願，立志成為一名出書的作家。我希望自己有朝一日可以寫出一本書來吸引父母的關注。

我的父母在我出生之後才買下那棟房子。那棟房子採光充足又通風，客廳有好幾扇法式落地窗，餐廳門是有著黃銅把手的法式玻璃門，並直接通往後院。後院裡有一座長滿青苔、又有竹子遮蔭的石造水池。我們吃早餐的地方有一扇可以俯瞰後院的飄窗。後院有草皮、一棵木蘭樹、一座磚砌露台、一間溫室，以及一間有溜滑梯的紅色遊戲小木屋，還有一棵掛著邋遢鞦韆的李樹。父母親在二樓的主臥可以眺望金門大橋，我姊姊的臥室附有陽台，而我的臥室則有一個嵌入式的書桌與書架。

我的父母在我童年居家的共享小宇宙中像是居住在遙遠星球上的人。他們的關係貌合神離，無論是情感或肢體都不親密，這正是他們各自成長背景的寫照。我的外公、外婆讓我的母親從小就覺得自己永遠不夠好（當她打電話告訴他們自己獲得終身教職時，外公竟然質問她，到底什麼時候才能晉升正教授）。我的母親為此憤慨不已。我的爺爺曾是小聯盟的外野手，後來轉行成為西聯匯款公司的會計人員，最後心臟病發倒斃於紐約地鐵的列車上，得年四十九歲；我的父親當時十七歲，兩周前甫畢業於布魯克林預備高中。一九九四年，我父親在《紐約時報書評》上發表了一篇文章，談論自己花了八年時間研究並撰寫將近六百頁的馬克・羅斯科（Mark Rothko）傳記的動機——已故的羅斯科是知名抽象表現主義畫家，擅長以發光長方形作畫聞名。我父親在那篇文章中將自己的父親描繪成性格狂暴的酒鬼。我的父親對於親密關係始終存疑，至少一部分原因給歸咎於他的父親。

面對這樣的成長環境，我姊姊的反應就是遠離。她大部分時間都在堤爾頓國家公園的馬術練習場騎馬。而我呢，差不多就像法國作家聖修伯里於一九四三年出版的《小王子》主角那樣（我書架上就有這本書），住在自己的星球上——蘇珊娜星球，人口：一人。

對我來說，書本的另一個誘人之處就是可以拉近我與父母的距離。正因為我的父母熱愛閱讀，我也跟著愛讀書，就像學習去愛自己的手足那樣。我的母親允許我在柏克萊公共圖書館的北分館租借任何我想看的書。我的父親則會帶我去電報大道，並在那些擁擠的街道中穿梭著，那裡擠滿了焦慮的大學生、匆忙奔波的教授及神情恍惚的嬉皮，父親會帶我去默爾書店（Moe's Books）及科迪書店（Cody's Books）這樣的獨立書店買書。

當父親在書房閉關寫第二本書時，我會站在法式玻璃門的另一邊，額頭貼著冰涼的玻璃，看著他用兩根食指敲著打字機的鍵盤。要是紙張上出現任何不滿意的句子就會被他揉成一團，那些成團的白紙在他腳邊就好像被風吹成堆的積雪。我的母親也在那段期間變得更加疏離。嘴唇總會抿成一條失望的薄線——原因是什麼我並不知道；說話說到一半就會瞇著眼睛看向窗外——看著什麼我也不知道。修長的長臂在胸前交叉著，似乎想要準備抵禦隱形敵人的攻擊，而我似乎不能保護她。

大約九歲時的某個夜裡，父母的爭吵聲將我吵醒。我赤腳踮起腳尖輕聲走上樓梯，我穿著碎花圖案的法蘭絨連身睡衣，跪坐下來讓裙擺在地板上攤開。雙手緊握著紡錘裝的木頭欄杆，我聽不清他們在說了什麼。父親看起來很生氣，而母親正在哭泣。

我轉身回到自己的房間並打開燈，打算找些事情來分散注意力，好讓自己淡忘剛才目睹的一切。我快速掃過書架上的書籍，法蘭西絲・霍森・柏納特（Frances Hodgson Burnett）的《祕密花園》（*The Secret Garden*）、C・S・路易斯（C. S. Lewis）的《獅子・女巫・魔衣櫥》（*The Lion, the Witch, and the Wardrobe*）、朵貝・楊笙（Tove Jansson）的《快樂的姆米家庭》（*Finn Family Moomintroll*）。我看著這些書的封面，腦海開始幻想著奇幻世界，不受待見的小女孩在其中的祕密花園遇見一位特別的朋友。那裡的海狸會說話，半人半羊的精靈法翁（fauns）真的存在，然後一群長得像迷你河馬的白毛動物會用後腿直立行走，他們一家人會一起冒險，而且總能平平安安地回家。

我拿起最喜歡的那本書——《弗里斯比夫人和尼姆老鼠們》（*Mrs. Frisby and the Rats of NIMH*）。該書於一九七一年出版，隔年便榮獲紐伯瑞兒童文學獎，作者是羅伯特・C・歐布萊恩（Robert C. O'Brien）。該書講述一位寡婦老鼠為了拯救病兒而踏上一段冒險旅程的故事。她在冒險途中遇到一群從實驗室脫逃的老鼠，這些老鼠在一間名為NIMH的神祕機構所贊助的科學實驗中變得異常聰明。

這個有趣的故事其實源自真實事件改編。歐布萊恩在一九六〇年代初期在《國家地理》雜誌擔任編輯與專欄作家，他曾經採訪美國心理衛生研究院位於馬里蘭州的實驗室。

當時美國心理衛生研究院的研究人員約翰・卡爾宏（John B. Calhoun）正在研究囓齒類動物的過度繁殖問題。卡爾宏在他稱為「老鼠烏托邦」的大型籠子裡觀察老鼠數量的迅速暴增，接著就開始出現他所稱的「行為沉淪」（Behavioral sink）現象——雌性老鼠開始吃掉自己的幼崽（母性缺失），而被暱稱為「美麗群體」的雄性老鼠則沉迷於梳理外貌。整個族群開始出現「性偏差」（sexual deviation）及同類相食的行為障礙。

我拿著手電筒躲在被窩裡讀這本書，而我的父母在我生日當天送給我的白色寵物鼠正安穩地在桌上的鐵絲網籠中睡覺，裡面還鋪著柔軟的木屑。我完全不知道書中讓老鼠變聰明的那個神祕機構ＮＩＭＨ，也正是把「我」當研究對象的同一個聯邦機構。

現實與虛構，真真假假在我的生命中早已融為一體。

Chapter 2

父親離開母親的那一天，我放學回到家時只有一片寂靜。當時母親正在上班，姊姊出門騎馬了。我將書包扔在客廳那塊芥末黃的地毯上，走過母親那架已經不太彈的史坦威鋼琴，打開電視機作伴。電視正在播放我很喜歡的兒童教育節目《Zoom》，一群孩子們正手舞足蹈地高聲唱歌。我低聲跟著唱和，並試著模仿他們的動作。當我站在地上轉圈時，我發覺有什麼不尋常的地方——書架上有些地方空了。母親後來告訴我，那些空位本來放著父親的書。我爬上沙發，搖搖晃晃地站在軟軟滑滑的坐墊上。一隻手抓著沙發靠背，另一隻手伸進那些書本之間的縫隙。手指開開合合，什麼也沒抓著。

我也不是沒察覺到那些跡象，只是當時我才十一歲，不懂得如何看待那些事情。父母在深夜吵架的次數越來越頻繁。某天早上，我在客廳發現父親躺在睡袋裡。我記得某次全家開車去索拉諾大道的厚德福（King Tsin）中餐館吃飯，我的父母坐在前座，姊姊和我在後座，我突然沒來由地從前座中間探頭問他們是不是要離婚？母親否認了，父親卻沉默不語。我注意到他的雙手正緊握著方向盤，繃得讓指節發白。

「你們的父親和我要離婚了。」過沒幾天，母親在廚房餐桌前宣布這件事。父親坐在椅子上侷促不安，看起來巴不得逃離現場。我很想哭，但是腦中立刻響起姊姊的聲音，「你真的有夠愛哭的！」於是我吞下眼淚。「你們有什麼問題要問嗎？」母親不耐煩地問著，我只是搖頭。母親嘆了一口氣，而父親則是望著窗外。我從椅子上滑下餐桌並回到樓上的房間。我坐在書桌前，打開那本記錄日常生活的記事本，在上面寫下，「爸爸和媽媽要離婚了。」既然事情已經發生了，就不再是藏在心裡的事情了，我突然感覺好多了。

我跳下沙發，不再管那些空蕩蕩的書架，飛快上樓回到自己的房間。那個時候，我的寵物鼠及籠子已經不在了。某天我在學校時，我的母親忘了關上我的房間門，結果我們家那隻白貓跳上我的書桌想把老鼠抓出來當點心，卻不慎撞翻籠子。母親說那隻老鼠在落地時摔斷了小小的頸椎，當場死亡。

我走向我的娃娃屋，跪在地板上仔細看著屋內裝潢。我那時覺得自己已經夠大了，不再適合玩扮家家酒，因此娃娃屋內的地板都積滿了灰塵。媽媽娃娃穿戴整齊地躺在浴缸裡，女兒娃娃則癱躺在廚房地板上，上半身跟頭都在藏在餐桌下面；戴著草帽的塑膠驢子正在主臥室的地毯上吃草，父親娃娃則在客廳裡。我原本想讓他坐在沙發上閱讀一本迷你書，但是他的四肢無法彎曲，所以我只好將他立在門邊，看起來像是正要離開一樣。我抓起父親娃娃，打開抽屜將他放了進去。

我躺在單人床上，拉上被子蓋過頭。那條粉紫色帶有一顆星星圖案的阿米什拼布被子是外婆送給我的。我閉上雙眼想像自己站在一條走廊的盡頭，走廊兩側都是通往不同房間的門。我以前來過這個地方，這是我將所有不愉快情緒藏起來的地方——悲傷、孤單、漠視。我打開一扇又一扇的門，將那些不好的情緒放進門後的房間裡，然後關上門。這樣一來，我覺得好多了，也就是說，我什麼感覺都沒有了。

某天我坐在小學的教室裡，那時父親才搬離開家沒多久。學校的教務祕書突然出現在教室的右門前，她的眼鏡掛在鍊子上，頭髮盤成複雜的高髻。她正在掃視整個教室。

「蘇珊娜，請跟我來。」

其他孩子都轉過頭來看著我，表情又是好奇（**她要去哪裡？**）又是羨慕（**為什麼她可**

以不用上數學？）。當我跟著教務祕書離開教室時，臉頰微微發熱。這種被特別點名的感覺讓我有些難為情，不過又同時因為吸引他人的目光而感到開心。

一位男士在學校門口向我打招呼，接著帶我走向路邊的一輛休旅車。對我來說，那輛車看起來就像一台普通的休旅車，但其實是布洛克計畫的「行動實驗室」，專門設計用來對我們進行學校與家庭外的評鑑。（傑克在車上鋪了地毯，珍則掛上了她親手縫製的窗簾。）

我爬上階梯，並在後座的一張小桌子前坐下。那位男士說我們要玩個遊戲，接著將一張厚紙板放在我面前的桌子上。我盯著那張紙看著。紙上有幅畫——說是畫，其實也不算，或者說不是一張很好看的畫，看起來像是有人打翻了墨水——那是羅夏克墨漬測驗（Rorschach ink blot test），由精神醫生赫曼・羅夏克（Hermann Rorschach）於一九二一年發展出來的心理測驗，主要用來評估人格特質及診斷心理健康問題。

「你覺得這是什麼呢？」那位男子問。

「兩個戴帽子的小丑在拍手。」我說。

他又換了一張圖片放在我面前。

「你覺得這是什麼呢？」

「穿著毛皮大衣的怪物。」

他又換了一張圖片放在我面前。

「你覺得這是什麼呢？」

「一隻要吃掉我的蝙蝠。」

他的表情似乎覺得我的答案很有趣，而我則希望自己的答案是正確的。要是我答對了，說不定他會告訴我的母親我有多聰明。

（另一位考官正藏身在那輛休旅車後座的另一個隔間，正透過一扇單面鏡在我不知情的情況下觀察我，他在擁擠的空間中挪了挪位置。）

我走回到教室時，也差不多要放學了。我悄悄地坐進自己的座位。老師正在台上講課，但是我卻覺得腦袋昏昏沉沉。剛才那段時間在休旅車的遊戲及問題讓我感到疲憊不堪。

「你去哪裡了？」我最好的朋友用手指在旁邊戳戳我問著，睜大著滿是好奇的藍色眼睛，「你剛出去做了什麼？」

我搖頭不語，只是神祕地微笑著。那是特殊小孩才能參加的祕密俱樂部，她不是。我環顧教室裡的其他同學，還有其他人也是這個祕密俱樂部的成員嗎？一個男孩正在黑板上畫著火柴人。他的父親與我的父親是同事，說不定他也是祕密俱樂部的一員。

那天放學，我搭其他同學家的車回家，我看到母親的車停在門口的車道上。我急匆匆地跑進屋裡想告訴她關於那輛休旅車與那位男士的事情。我停在她的臥室門口，看著母親頭低低地坐在床邊，雙手摀著臉。

「媽媽？」

她沒有回應。

「怎麼了？」

「我只是……很難過。」

我不需要追問原因。我轉身下樓並打開電視，閉上眼睛躺在沙發上。電視的聲音在背景喋喋不休時，我已回到記憶中的那條長廊，消失在內心深處那個什麼都感覺不到的地方。

———

一開始我的父親住在加州大學柏克萊分校的教職員俱樂部。幾個月後，他搬進一間公寓，並留有我與姊姊共用的一間有蟑螂的臥室。因為離校園很近，父親可以走路上班。我的母親則陷入嚴重的憂鬱情緒之中。我的姊姊閒暇之餘不是騎馬就是和朋友們出門玩。起初，父親非常努力維持與我之間的親密關係，我們會一起去舊金山的金門公園溜直排輪，也會去柏克萊的艾迪餐館（Edy's）吃起司漢堡和聖代冰淇淋，還去市中心的電影院看克林・伊斯威特主演的《亞特蘭翠大逃亡》（*Escape from Alcatraz*）。我們姊妹的扶養權由父母共同擁有，所以我和姊姊每周會在母親家住幾天，然後又去父親家住幾天。父親最後在柏克萊平地區租了一棟房子，我也有了自己的房間，還養了一隻倉鼠，因為太常咬我，我給牠取名叫「大白鯊」（Jaws），就像那部電影一樣。

大概在我十二歲的時候，父親認識了我後來的繼母。這個女人小他非常多，來自舊金山南邊一個富裕的飛地。她是詩人，也是畫家。我不喜歡她。我覺得她只關心我的父親，而不是他的孩子們。父親也不再只和我一起活動，而是總把她也帶上。對我來說，這個女人像是我和父親之間的阻礙。後來父親說他們要結婚了。為了報復他的背叛，我拒絕參加他們的婚禮。

「他是為了她的錢才娶她的！」我的母親如此斷言。父親走向人生的下一步讓她憤恨不已，母親也毫不避諱地在我們面前表現她內心的怨懟。讓她更加不堪的是父親和繼母買了一棟新房子，地點就在母親家附近，對面就是母親平常買菜的雜貨店。我的母親沒有選擇去別家店買菜，而是忍受在挑選櫛瓜時會碰見自己的前夫與新婚妻子的風險。我察覺母親在情感上需要關懷，於是我成了關心她的那個人，也就是子女變成父母的親職化關係。為了和母親站在同一陣線，我展開抵制繼母的行動。我去父親家時總在生悶氣，我還罵繼母是人渣。只要她一開口，我就翻白眼，不然就是把她當空氣。

十三歲那年，我從私立學校轉到公立學校就讀八年級。開學第一天的午餐時間，我站在操場上檢視學校的各個小圈子。我和一個曾與我在私立學校同校的女孩對上了眼——她混的是預備班派：男生穿著艾索德襯衫及帆船鞋，女生則穿著費爾島羊毛衛衣和便士樂福鞋——不過她卻立刻轉開視線，好像不認識我一樣。也難怪她會對我視若無睹，我在學校廁所裡照鏡子，額頭和下巴長滿了青春痘；我試著用很多髮夾壓住棕色的捲髮，但是沒有用；我舉起手整理頭髮，發現灰色T恤在腋下處濕了一大片。嗅一嗅，噁，我好臭。最糟的是，我的個子比那些男生還高。身為女權主義者的母親從不關心化妝或時尚，她也因為生活太過憂鬱，竟然忘了教我性知識。所有性知識都是我從姊姊翻爛的那本茱蒂・布倫（Judy Blume）的小說《永遠》（*Forever*）中學到的，當時我根本不知道怎麼當個「女生」。

最後，我在那一年還是交到一群聰明又愛看書的書呆子女生朋友。我們在九年級轉到大學路上的另一個小校區上課。大約就在那個時候，十四歲的我再次收到布洛克計畫的消息。某天下課後，我坐在托爾曼大樓的一間實驗室裡，對面坐著的那個女人有著一頭雜金色頭髮。她一開始的問題比較籠統，然後就變得越來越隱私。她想知道我父母親離婚的情況（很糟糕），我過的快不快樂（說真的，這答案每天都不一樣），有沒有抽大麻或接觸其他毒品（沒有，或者說還沒有，隨便）。訪談結束時，她遞給我一個 BB Call。大概在接下來一個星期裡，只要那台 BB Call 響了，我就會依照她的指示輸入一個數字，數字就代表我當下的心情。我當時沒有意識到，自己已經經歷或者即將經歷那些研究人員最感興趣的生活因子——毒品、離婚以及抑鬱症。

換句話說，我根本就是個完美的實驗白老鼠。

十年級的時候，我在柏克萊高中就讀。某天午餐時，我坐在學校中庭的磚造長凳上，嘴裡吃著學生餐廳買來的辣味薯條，眼睛盯著對面那些女孩看著。我那時候經常在家翻閱時尚雜誌，像是《Vogue》、《Mademoiselle》、《Teen》，研究光亮頁面上的那些模特兒是如何化妝，如何穿搭，如何歪著頭並要笑不笑，看起來好像聽到什麼超級有趣的事情一樣。

聚集在學校中庭的那些女孩既不像雜誌上的模特兒，也不像我那群書呆子女朋友們。這些女孩的名聲不太好，其他人都說她們是「蕩婦」。她們散發著危險又強大的氣場。我很喜歡她們用 Sun In 快染劑染的淺色頭髮，以及用髮膠抓成尖刺的短髮；身上穿著自己拿剪刀剪短的襯衫，像瑪丹娜那樣，露出古銅色的光滑皮膚；還有高腰運動短褲，一彎腰就會露出屁股蛋，還有耳朵上閃閃發亮的水鑽耳環，以及下筆很重的妝容——層層唇蜜與粗黑眼線。我注意到高年級的男生也很喜歡她們。我渴望像那些女孩一樣受歡迎，渴望成為高年級男孩的追求對象。我想要成為充滿吸引力又具有神祕色彩的人物。那些女孩狂放不羈，什麼屁事都阻擋不了她們。青春期急速發展的性吸引力就是她們的武器。

「星期五晚上要不要跟我們一起參加兄弟會派對？」

其中一個深色頭髮的女孩發現我在痴痴地望著她們。她沒有轉開視線，反而揮手要我過去。

「要！」我幾乎控制不住內心的狂喜。也許她在我身上看到了什麼我沒有意識到的特質——我也像她們一樣，寂寞又有些憂傷，內心渴望他人的關注。

「你們這些白癡，小心不要被強暴。」深髮女孩的哥哥開車載我們去派對地點，我們跌跌撞撞地下車並走進加州大學柏克萊分校南邊的兄弟會區時，他正坐在駕駛座譏諷我們。人行道上擠滿了大學生，那些兄弟會所的前門吞吐著醉醺醺的派對人潮。那天放學後，我們先在深髮女孩的家中集合，她的父母不在家——我後來發現他們幾乎都不回家的。

「我好醉喔！」我們這新組成的三人小團體中的另一個女孩在我們離開前大聲喊著。她留著棕色短髮，有著一雙琥珀色的眼眸，以及像《運動畫刊》上的比基尼模特兒那樣的身材。瑪丹娜正在電視螢幕上活力四射地跳舞，天曉得我們喝了多少杯伏特加？

「要不要試試看？」我將目光從瑪丹娜身上轉開，我身後那個黑髮女孩攤開手掌，裡面是三顆白色藥丸，我們一人一顆。「這是搖頭丸。」**沒有退路了**，抓起來就吞了一顆。

我們在來的路上一起在後座抽了一根大麻。

我在人行道上彎著腰，對著路邊停車的照後鏡補一補唇蜜。我的眼周畫著濃濃的眼線，頭髮被髮膠固定著，一動也不動，水鑽耳環在耳垂上擺盪，剪短的粉色T恤從一側肩膀滑下，牛仔褲緊到一個不行。一個重心不穩，我絆倒自己向前撲，雙手與膝蓋著地。其他女孩笑成一團，我也跟著一起笑。眼前的世界開始天旋地轉，速度快到我跟不上，失速的瘋狂世界。

「走吧！」我們那位天不怕地不怕的領頭女孩笑著將我拉起來，她的瞳孔大得像醬汁碟一樣，我的也是嗎？她朝著離我們最近的兄弟會所走去並踏上石階，我則小跑步跟在她後面。我們走上露台，擠過人潮鑽進入兄弟會所。我們拿著紅色的塑膠杯在生啤酒桶前裝酒，一群大學男生圍了過來。

「你好高。」一個穿著加州大學橄欖球外套的高壯金髮男子出現在我身旁。「太性感了。」從他看我的眼神就知道，他根本沒想到我才十五歲。因為我的個子很高，人們總以為我的年紀比較大。他隨手摟住我的腰，我也向他身上靠過去，以免我又再跌倒。「想上去看看我的房間嗎？」他在我耳邊吐氣低聲說著。我還沒來得及回應，他就拉起我的手往樓上帶。他在昏暗的房間裡將舌頭伸進我的嘴裡，接著將我壓在那張單人床上，開始脫掉我的衣服。他爬到我的身上，滿是酒氣地在我背上吐著熱氣。我仰躺在床上望著天花板，他將臉埋進我的雙腿之間。

我什麼也感覺不到，我心想，然後閉上雙眼。

隔天一早，他載我回去我的朋友家，從此了無音訊。我告訴自己不要在意。有個男人曾經渴望過我就好，哪怕只是一晚而已。

——

我對時間、方式或人物都不是很有印象，不過我在某個時期開始意識到自己是某縱向研究計畫的實驗對象。我幻想中的祕密俱樂部其實是有名字的，也有其他成員，他們跟我一樣都是孩子。而且這還是一件很重要的事情。這就是我在幼兒園與陌生人玩遊戲的原因，也是我在托爾曼大樓接受訪談的原因，以及在那輛休旅車裡仔細研究墨漬圖案的原因。這些隔幾年就會進行一次的評估、一場又一場的測試，對我而言大致上是正面的（儘管有時在結束後會讓我感到精疲力盡）。我小時候很喜歡受到關注，長大後心中卻漸漸出現一個想法——我正參與某個比我自己還要重要的計畫。

有些人以為身為研究對象可能會改變自己的人生，以為身為研究對象可以塑造一個人的人格，因為比起沒有受到觀察的生活，受到觀察這件事會促使自己進步與改善。這些想法或許是真的。然而，這樣的情況也可能造成巨大的內在壓力，讓人覺得自己必須得出人頭地，必須超越原來的自己，並且在那如同玻璃罩般的圈套中力求表現。又或許，這兩種情況可以同時存在，一方面越來越覺得自己深藏不露，另一方面又暗自害怕自己無法達成期望。

「你看起來真像男的。」

那是個寒冷的春日，高二的我坐在生物課的教室後排。那天早上我套上一件二手店買的黑色大衣，裡面搭配一件格子翻領襯衫——當時很多女孩都愛模仿喬治男孩那樣的穿搭風格。一般女孩子穿起來很酷，但是我比她們高——十六歲的我就已經將近一百七十八公分，而且肩膀也很寬。打從高一開始，學校的男生就愛拿我的體型開玩笑，說我看起來像男的。我真的受夠了。

「你看起來像個婊子。」我嗆回去。

他半轉過身並擠著手中的果汁盒，紫色葡萄汁從吸管噴了出來，濺得我全身都是。

我抑制不住內心的憤怒，站起來使盡全力朝那個高瘦柏克萊高中籃球隊員的後腦狠狠地甩了一巴掌。

「你這個賤人！」他大吼一聲。

他馬上跳起來朝我的側臉揮一巴掌，我低頭想要閃，但是動作太慢了。他那一巴掌甩在我左耳上，我的耳膜開始嗡嗡作響。

「不准在我課堂打架！」老師大吼著，我們誰也沒有理他。

「你他媽的給我滾遠一點！」我對他吼著，一邊退到課桌椅間的走道上，接著他追上來不停向我揮拳。情急之下，我朝他踢了一腳，差點踹到他的蛋。

有人從後面抱住我，也有人從他的後面抓住他。我拚命想要掙脫，我還想再揍他一頓。

「布雷斯林小姐，你沒有被退學真的算你好運。」訓導主任一臉厭惡地搖著頭。他搓著下巴的山羊鬍並在報告上寫了些什麼。「留校查看一周。不准再打架了。」

「你要是再這樣下去，」我的母親邊開車邊說，「我就把你送走。」她的目光盯著前方，倔強地抬高下巴，她生氣的時候就是這個樣子。我雙手交叉在胸前，不服氣地看著那些在窗外掠過的房子。生物課打架是有什麼大不了的。

如果你知道的話。關於那些男生、那些毒品、那些號稱去同學家過夜的晚上，其實我是在灣區鬼混，嗑了幾顆搖頭丸後在舊金山海灣大橋飆車，或是吸了多少條安非他命或古柯鹼後整個人茫了，還是喝了無數杯伏特加、琴酒、或瘋狗調酒，還拿著假身分證混進夜店通宵跳舞；兄弟會舉辦的派對都去過不知道幾場了，進過不知道多少男生的房間，睡過不知道多少連名字都叫不出的大學生——有些才二十出頭，搞不好還是我爸的學生。除此之外，我的下一張成績單，原本的A及B的成績會跌到D與F，因為我沒寫功課，還翹課逃學。

即便如此，我母親的話還是嚇到我了。假如她真的把我趕出門的話，我也不能去找我的父親。父親已經說過了，如果我不改善對繼母的態度，他就不准我再去他家，所以我早就不去了。我感覺他也不想要我去他家。

我們一回到家，我就用力關上車門並氣沖沖地跑上樓，用力甩上房門。地板上到處都是髒衣服，書桌上全是黑色睫毛膏、藍綠色眼影與亮粉色口紅留下的髒汙。牆上貼滿了從雜誌上撕下的剪報，上面都是我一心想要成為的美女。我跌坐在床上並鑽進棉被，蜷縮成一團。

不知道為什麼，布洛克計劃突然浮現在腦海，不知道他們會怎麼看我。技術上而言，這項研究從未真正介入我的生活。然而，每當我有所求的時候，這個計畫總會再次浮現在我的腦海裡。**他們**覺得我很特別，**他們**覺得我值得，**他們**相信我，不是嗎？此刻的我一點也不覺得自己特別，我覺得自己……不特別。我把頭埋進枕頭裡，開始啜泣。一定要改變什麼。也許，是我要改變。

—

高三那年，我已經脫離壞女孩圈，不再參加派對，重新與那些書呆子女孩們混在一起。那年暑假我還在加州大學柏克萊分校修了兩門暑期課程，彌補我在高二時被當的那些學分。高三唸到一半時，我從柏克萊高中轉學到位於海特─艾許伯里區的舊金山城市學校──那是一九六七年嬉皮士革命「愛之夏」（the Summer of Love）的發源地。我的同學們之中有愛麗絲．華克（Alice Walker）、南希．裴洛西（Nancy Pelosi）、芭芭拉．波克塞（Barbara Boxer）的女兒，還有一位是蓋提（Getty）家族的兒子。該校的課程以學期為單位，每門課只有十幾名學生。校區大樓的中庭還種了一棵樹。

高四的秋天，我開始著手申請大學。未來宛如一張正在顯影的拍立得照片，開始變得清晰。某天早上，我前往舊金山的一棟建築物參加一場巴德學院的即時錄取計畫。巴德學院是一所位在紐約哈得遜河畔安嫩代爾的私立文理學院。經過一整天的面試後，我收到錄取通知了。我只需要在五月一日之前回覆確認即可。後來，我站在人行道上開始感到恐慌，上氣不接下氣，雙手都是汗水，世界在天旋地轉。我真的像他們以為的那樣聰明嗎？或者那都是我裝出來的呢？我正在成為自己想要成為的人，還是成為別人希望我成為的人呢？

虛偽。**詐欺**。**冒牌貨**。幾個月過去了，這些聲音在我的腦海中越來越大聲。我無法向父母表達內心的信心危機，因為他們這麼多年來第一次為我感到驕傲。我不去學校上課了，不想再感受到那種令人麻痺的恐懼，所以我又回去找那些天天參加狂歡派對的女孩們，一起嗑藥，拋開所有煩惱。我跑去參加她們在柏克萊高中的畢業舞會，喝個爛醉。結果到了四月的時候，我就輟學了。

「你到底是怎麼了？」我母親在客廳裡哀嚎著。

「我真的對你很失望。」我父親在電話裡表示。

我的繼母在那個月生下他們的女兒。如此一來，木已成舟——父親的新家庭，而我不是其中的一分子。我感覺自己被徹底取代了。

也就是在我年滿十八歲的這段期間，我收到一封來自布洛克計畫的信——他們向來是以書信方式聯繫，而且我永遠不知道會在什麼時候收到通知。信裡問我是否可以去托爾曼大樓接受最新的評估。我坐在餐廳裡，一手拿著信，一手抓著信封。也許和他們談一談可以幫助我決定人生的下一步該怎麼走。**也許他們比我更加了解我自己**。

「你怎麼看道德觀這件事？」評鑑人員問我，當日天氣悶熱難耐，我們坐在室內評鑑。我絞盡腦汁，但是我不記得我的父母曾經和我談過這個話題。我是在放任式環境長大的，無拘無束，沒有人管我。我不到十歲時就在街上四處遊蕩，經常玩到很晚才回家，童年就過著自由自主的生活。我的父母還沒離婚前舉辦的一場派對上，我姊姊哄騙在場一位教授拿香菸點燃自己的頭髮來娛樂我們，我到現在都還記得頭髮燒焦的那股氣味，也記得那位教授笑著將火拍熄的模樣。每當我與母親去超市採買的時候，我總會逕自跑去圖書區翻閱羅伯特・克朗姆（Robert Crumb）那些反主流文化的漫畫書，那些衣不蔽體、又擁有誇張胸部及臀部的女性角色讓我印象深刻，吸引我的還有漫畫《自然先生》（*Mr. Natural*）裡那些沒完沒了的扭曲情節。我的父母對這個部分一無所知。

「我……沒有什麼特別的看法吧？」我試探地回答。評鑑人員在他的文件上做了個記號。

那年秋天，母親獲得夏威夷大學的一年學術聘用。終於完成養育孩子的責任讓她看起來如釋重負。後來她把我們的家租給另一個家庭，我便搬去和一個女生朋友同住。這個朋友迷上空手道課，道場是在西柏克萊一個治安不太好的地區。我陪她去上了一堂課後也迷上空手道了。我買了一套道服，學會如何快速空手劈斷木板並在迴旋踢時高聲大吼。那是我第一次開始感受到自己的強大與掌控力。

為了支付學習空手道的費用，我在電報大道上一家生意很好的餐廳打工，工作是製作三明治及沙拉。一年之後，我報名一所社區大學，並在那裡認識一個和我同時期就讀柏克萊高中的男生，我們後來開始交往。在一起沒多久之後，我搬去和他同居。我選了英國文學，開始思考自己也許可以像我的父母一樣當英語教授；選了創意寫作課，開始思考自己也許可以成為小說家，就像福克納或海明威那樣；選了新聞寫作課，開始思考自己也許可以成為記者，像鮑勃．伍德華（Bob Woodward）或卡爾．伯恩斯坦（Carl Bernstein）那樣。

二十三歲時，布洛克計畫的人再度聯繫我。那年秋天，我將轉學到加州大學念大三，成為我父親任教大學的學生，那也是我自幼以來就被當作研究對象的學校。他們想要對我進行評鑑，我同意了。我身為他們的研究對象將近二十年了。除此之外，還有一個財務上的誘因，他們會提供一小筆酬金給我。

「你看一眼。」傑克將一本鼓鼓的相簿放在桌上，我又回到托爾曼大樓。「找得到自己嗎？」在我耳裡，我覺得他說話跟我父親一樣帶著一點淡淡的布魯克林口音。然後他也像我一樣有齒虛位——他的兩顆門牙之間也有一道牙間隙。

我已經知道他的妻子在一九八一年過世了。當時這項研究只進行到一半，傑克深愛的妻子珍妮因為胰臟癌過世，得年五十八歲。珍妮是這項計畫的共同發起人，也是共同首席研究員，他們真的天生一對：身形矮小又滿頭白髮。傑克的辦公室裡，珍妮似乎不是真正的離開，而是像殘影般地駐守著。

過去這幾周，我一直在進出托爾曼大樓並接受評鑑，而與傑克的首次會面是我得到的獎勵。

「這太精彩了吧。」我一邊翻閱著那本相簿，一邊說著。相簿裡都是我們在兒童研究中心就讀時拍下的照片，那是布洛克夫婦招募研究對象的地方。我們當時才三、四歲左右，全都是柏克萊教職員的孩子，有男有女，有白人、黑人、拉丁裔及亞裔小孩，我們在鏡頭前玩耍、擺姿勢、做鬼臉與拍照的人互動。我瀏覽著那些照片，部分因為二十年的歲月已經有些褪色，我努力地尋找自己的身影。

找到了。我認出自己的瀏海與酒窩，我忍不住大笑起來。不知道什麼原因，我當時打著赤膊，想必是在玩耍時把衣服脫了。照片背景是學校的戶外遊樂場，我坐在洗衣籃裡，正用力想要站起來爬出洗衣籃。我的臉上掛著燦爛的笑容，看起來很快樂——那種真實又徹底的快樂。

「這是給你的。」傑克得意洋洋地遞給我一份資料夾，裡面是他與其他研究人員針對我們所撰寫並發表的論文。我幾年前曾經收到過其中幾篇，而我只是看了一眼那些都是生詞的標題，瀏覽帶過那些艱澀的文字，但是從未仔細閱讀過內容。那不像是在閱讀一個人的日記或觀賞家庭電影，反而更像是在觀看一部以外語講述的紀錄片，剛好主角是你自己罷了。

我闔上相簿。當我們互相道別時，我的目光掠過他的肩膀並落在旁邊的檔案櫃上。那裡面裝了什麼？說不定是我們的個人檔案。我真的想要打開其中一個抽屜，快快地掃視上面的標籤並找出屬於我的那份檔案。內容究竟會揭示出什麼呢？

就在八月開學的第一天，我和男友已經分手了。我搬進一棟靠近柏克萊與奧克蘭交界的房子，合租室友是三位女大學生。接下來的日子裡，我與父親再度聯繫，並與同父異母的妹妹開始建立起關係，也學會容忍我的繼母。我的母親也從夏威夷回來了，而我的姊姊則搬去灣區北部與男朋友同居，我們三不五時還是會見面。兩年後，我走上威廉·倫道夫·赫茲希臘劇場的舞台領取畢業證書時，父親笑容滿面地將畢業證書遞到我手中。

我最終走上那條成為該有的樣子的道路。

———

一九九三年的秋天，我駕車從灣區前往芝加哥，準備就讀伊利諾大學芝加哥分校的作家培訓計畫。我在那之後將近兩年的時間裡研讀文學並撰寫小說。等到畢業之後，我還是沒有決定自己要成為哪種類型的作家。畢業典禮過後十天，我就駕車回到舊金山灣區。我在奧克蘭靠近梅里特湖的一棟帝舵復興式風格建築裡租了一間單人公寓，我的室友是克堤斯（Kurtis）——牠是一隻脾氣暴躁的肥貓，是我在芝加哥一家動物收容所領養的流浪貓。我為了支付生活開銷，開車在好幾所社區大學之間往返，開課教大一新生寫作。

我偶爾會開車經過托爾曼大樓，這種時候心裡就會想著，他們什麼時候會再跟我聯絡。我有時會在與人談話中提到自己曾是某項實驗的研究對象，他們就會追問細節，而我只會搖搖頭，我覺得他們也不會懂。對其他人來說，那是種陌生的體驗，但是對我而言，這種在顯微鏡下長大的生活已經習以為常。我時不時也會想起那個實驗中的其他孩子們。他們如今都在哪裡？他們對這項實驗是否跟我有著相同的感受？

後來，一九九六年一月六日的深夜，我家電話響了。我半夢半醒地坐起來，心中遲疑著要不要下床接電話，不然就讓答錄機幫我接。我掀開被子在黑暗中摸索著家用電話。

「喂？」

「你爸爸死了。」我的繼母在電話另一頭說。

「不，他沒有。」我反駁，好像這樣說就可以逆轉已經發生的事情。

「是真的，他死了。」她又強調一次，好像我沒有聽懂一樣。她說父親是在客廳沙發上心臟病發過世的。她有打電話給消防隊，不過為時已晚。我的父親死了，他當時六十歲。

「你應該過來看看他。」她說。

我腦海裡幻想著父親的屍體橫躺在他們家客廳的淡粉色地毯上。當我絞盡腦汁想著怎麼回應時，我突然想起母親曾經說過的一個故事。那是在我出生之前，我的父母曾經出席過一場派對，後來父親喝醉了，他突然大聲喊著：「我是一棵樹！」接著就像樹林裡被砍倒的紅杉木一樣，直直地倒下。現在的他就像當時那樣，只是這次他再也不會站起來了。

他不會想讓我看到他那種樣子。我這麼告訴自己，不過現在不管我父親怎麼想都已經無所謂了，他已經死了。「我一點也不在乎我的葬禮要怎麼辦，因為我已經死了！」也不過幾個月前他還在開這種玩笑。無論他想不想要我現在去看他，我知道自己不想看見這樣的他，因為那個畫面將會無法抹滅。

「不用了。」我說完便掛了電話。

我坐在床邊，想著我與父親之間的關係，從他離開母親後就再也不一樣了。他娶了我的繼母後，我們的關係更是每下愈況。後來我們雖然重新聯繫上了，但是小時候那樣的親密感情是再也回不去了。他曾是那個讓我感受到被愛的人，他會跪在床邊編睡前故事給我聽，也會牽著我的手在默爾書店幫我找書，也會在客廳地毯上和我玩摔跤。如今，我徹底明白也無法改變的就是，擁有一個不完美卻活著的父親，遠勝過一個已經不在世的父親。我們之間的關係再也不會發展出新的版本，一切都走到盡頭了。

他怎麼可能會死？我根本無法理解。

他那時候已經計劃要寫一本關於爵士薩克斯風手約翰・柯川（John Coltrane）的傳記。現在他永遠沒機會完成那本書了。從今以後，再也不會有我父親撰寫的書了。小時候他常常會逗我笑，最後我都會大喊著：「好了，不要再講了啦！」從今以後，也不會有父親說的笑話了。

幾周之後，父親的追思會在北柏克萊聯誼俱樂部「山坡俱樂部」舉行，這個俱樂部的歷史可以回溯至二十世紀初期。我與姊姊、同父異母的妹妹以及繼母坐在第一排（「**我們倆的婚姻比她跟他的婚姻還長。**」我的母親忿忿不平地啜泣說著，因為她被安排坐在我們後面一排）。

輪到我上台發言時，我開玩笑地表示，可惜父親沒能親自到現場，不然他會很享受大家在這兩個小時中對他的讚美。在場的人都笑了。接著我朗讀自己寫下的文字，一位英語系教授聽完後前來對我說，我的文字讓他備受感動。這位教授在幾個月後被任命為美國國會圖書館第八屆的桂冠詩人顧問。我一直以來都覺得父親才是真正的作家。我想，**也許我已經不需要弄清楚自己會是哪種作家了，也許我本來就是真正的作家。**

又過了幾周後，我的繼母打了一通電話給我。根據父親的遺願，她將他的遺體火化了。她想知道我想不想拿一些他的骨灰——她用了「骨灰」（cremains）這個詞，想著遺體火化後所留下的遺骸。

我隔天就去他們家了。一個酒紅色的法蘭絨束口袋放在餐桌上，裡面裝著鞋盒大的盒子。那個盒子比我預期的還要大，不過想想也合理，畢竟我父親身材高大。我從束口袋裡拉出盒子，撬開蓋子往裡面窺看著。裡面是厚厚的骨灰混著一些碎裂骨片。我拿起一支小茶匙舀了幾勺裝進一個三明治大小的封口袋，最後再用束線帶紮起袋口。

「看看誰來了！」我帶著那袋骨灰去我母親的家，我舉起袋子站在她的門廊前說，母親咯咯大笑著回應。她在廚房遞給我一個之前用來裝蜜桃茶的木盒子。我將裝著父親骨灰的袋子放進盒子裡，滑動蓋子，蓋上父親的迷你棺材。我的父親過世了。我的父親就此變成幽靈了。

Chapter 3

我不想再當媽媽了。我真的希望自己有辦法確切地描述母親第一次說出這句話的場景——是在廚房、臥室，還是開車途中？無論發生的當下在哪裡，我都希望自己可以重現那句話當時帶給我的感受：那像是一種電擊，一種無情的告白，又或者是空虛。我想記錄她說出那句話的前因後果——是因為我做了什麼事嗎？還是她當下的心情特別差？又或者只是無來由地脫口說出內心話？——不過我卻怎麼也想不起來。或許就是因為根本沒有明確的前因後果。

我從人生的某個階段開始，很早以前，我就感覺母親她並不想「當母親」。有那麼一段時間，她開始將我心中猜想的事情直接說出口。無論如何，那種情緒一直都在。

父親的一位朋友（也是英語教授，畢竟他所有的好朋友都是教授）在我父親去世後對我說，我小時候和父親非常親近，而這點我也可以從那些年的照片裡看出來。我在其中一張照片裡窩在他的右臂，當時我們坐在客廳的沙發上，陽光正從身後的窗戶灑進來。另一張照片中，我坐在他身旁的木頭長凳上，那是我們某個夏天在門多西諾租下的度假小木屋前面，當時他正在寫一本新書，同時也在學彈班卓琴，照片中他就抱著那把琴。第三張照片裡，我站在他身旁緊緊抱著他的一條腿，纏著他不讓他離開的樣子，或許我早就感覺到他會離開我。

而我與母親之間，從一開始就存在著隔閡。我與她之間從未建立起類似我與父親之間的那種關係，永遠只有一種壓倒性的空缺感籠罩著。我得小心翼翼向前行，那是我與她之間無法跨過的鴻溝。對母親而言，當一個母親這件事似乎是她一直想要逃避的事情，孩子對她而言好像是一種家務或待辦事項，完成了就可以打個勾的那種。我漸漸開始懷疑她心中是不是藏著什麼祕密。她將日記鎖在臥室衣櫥裡的金屬盒子裡，而她會固定在日記裡寫東西，甚至交代一位朋友得在她死後銷毀日記。我曾經站在衣櫥前仰望著那個金屬盒子，猜想她究竟在日記中寫了些什麼才需要上鎖保管。

或許我的母親在為人母這件事上的掙扎是源自她的母親（在她小時候，只要外婆要她午睡就會打她，因為她哭累了就會睡著），也或許母親患有自戀型人格障礙、迴避型人格障礙或其他類型的人格障礙。無論如何，對於童年的我而言都是一樣的——我總是渴望得到關愛。

父親在我的生活中缺席後——他是我感受親情溫暖以及任何情感連結或關懷的唯一來源——我在十一歲時被剝奪了父愛。那個學期剩下的日子裡，我就像行屍走肉一樣，渾渾噩噩地過日子。當夏天來臨時，我陷入人生第一次的憂鬱。我不想換衣服、不想起床、什麼事情都不想做，我只想待在房間裡看書。我不再換上外出的襯衫、褲子或鞋子，只穿著一件我母親的黃桃色尼龍睡衣，棕色蕾絲領口讓我看起來就像狄更斯名著《孤雛淚》裡那位被拋棄的準新娘郝薇香小姐（Miss Havisham），而且我還光著腳。每當有人走進我的房間，我就拉起被子躲起來，拒絕對話。我不再洗澡、刷牙和梳頭。等到頭髮在後腦像鳥巢一樣糾結成團時，我的母親就拿著剪刀將那團打結的頭髮剪掉。

「我真不敢相信你竟然讓你的頭髮變成這個樣子！」隨著她的嘆息聲，我的髮絲也落在我腳邊的浴室瓷磚上。「你真的太邋遢了。」

我沒有回應。我還能說什麼呢？我就是這麼邋遢。

「你有覺得哪裡不舒服嗎？」佩恩醫生輕聲問著，一邊將冰涼的聽診器貼在我赤裸的胸口。她在診療床上拉出一張硬挺的醫療吸水紙並讓我坐在上面，我的雙腿在床邊晃著。當時我已經封閉自己一個月了，母親只好帶我去看小兒科醫生，檢查看看我到底是得了什麼病，是否是某種潛在的生理問題讓我對什麼事情都提不起勁，還是如她猜想的，我只是在裝病求關注而已。「現在深吸一口氣，」佩恩醫生在我想要開口回答時說，「很好。現在把腿放到床上。」我將雙腿挪到診療床上並向前伸直。佩恩醫生將聽診器放到我的背上，聽聽我體內到底有什麼問題。她觸碰人的方式讓人安心。我不想讓佩恩醫生覺得我就像是我母親擔心的那種人：**太情緒化**、**太敏感**、**太做作**。

「應該還好，我覺得。」我聳聳肩回答她剛才的問題。

佩恩醫生把聽診器塞進口袋。我把膝蓋拉到胸前，用手臂抱著雙腿，把自己抱住。她拿起我的病歷，寫了些什麼，然後闔上它。

「你在這裡等一下。」她拍拍我的肩膀後就走進走廊並把門帶上。幾分鐘後，她和我母親一起回到診間。當我在穿衣服的時候，她們在房間邊角上低聲交談。我不知道佩恩醫生說了什麼，但是我的母親看起來是鬆了一口氣。回家路上，我想，自己應該是沒什麼大礙。或者是說，就算有什麼問題，也沒有人告訴我。我暗自祈禱著，希望我不是像放學後在電視特別節目裡看到的那個同齡男孩一樣生病了——那個男孩最後死了。我和姊姊一起看過那個節目。接下來幾天、幾周至幾個月裡，我的心情逐漸好轉，漸漸變得比較像以前的自己。儘管有時在早餐或晚餐時，望著父親那張空蕩蕩的椅子仍會不自覺傷悲。那場憂鬱雖然過去了，陰影卻依舊停留著，久久無法消散。

時隔二十年，父親過世之後，那場憂鬱又再次找上門了。我無法承受、也無法理解、更無法接受生命中不再有他的事實。（父親的離世反而讓母親洋洋得意。對她來說，人生就像比賽，誰活得比較久就贏了。儘管她沒有說出口，但我知道她在想什麼——你死了，我還活著，所以我贏了！）

那年六月，我坐在一位女性友人的車裡，當車穿過舊金山海灣大橋時，我腦中開始幻想自己打開車門並閃過後方來車，然後縱身從橋邊一躍而下。七月的時候，我躺在床上想著自己拿出衣櫃裡那條黑色皮帶——有銀色扣環的那條。我想要拿皮帶繞在脖子上，再站到辦公椅上將皮帶的另一端綁上天花板的電扇，然後把椅子踢開。到了八月，我凝視著前臂與上臂交接處那塊凹陷的地方，想著父親曾經研究的憂鬱畫家馬克．羅斯科在吞下大量抗憂鬱的神寧健（Sinequan）後拿刮鬍刀劃開雙手的肘窩動脈，等待流血而死之前，他心裡在想什麼？我正漸漸地沉淪，慢慢地墜入一個充滿黑暗思想與危險衝動的黑洞之中。

——

去脫衣舞俱樂部是我提議的。那年夏天，父親已經過世一年多了，我也辭去了教職。由於父親身後留了一些錢給我和姊姊，有了財務緩衝之後，我便決心投入寫作，開始以自由作家的身分投稿到地方周刊及全國性雜誌。網路在當時還是很新的東西，只需要支付一點點額外成本就可以隨心所欲地在網路發表文章，於是我和兩位研究所的女同學共同創辦了一本名叫《後女性主義天地》（*The Postfeminist Playground*）的線上雜誌，我們在上面發表各式散文、小說以及新聞報導。

我覺得寫一篇關於舊金山北灘的脫衣舞俱樂部的報導挺有意思的，那些百老匯大道上的神祕俱樂部一直讓我感到好奇，我卻只有路過，從沒進去見識過。小時候我坐在父母的那輛道奇 Dart 後座穿過整個舊金山市區，我曾見過康多（The Condor）酒吧（這家酒吧在一九六四年時可是美國最早出現的脫衣酒吧之一）門口那面巨大招牌上畫著一位胸部大得離譜的金髮女郎，後來才知道她是卡洛・多達（Carol Doda）。她在那塊招牌上穿著一套黑色比基尼，乳頭上裝了一閃一閃的紅色燈泡。

比起我母親及其朋友圈中那些將濃妝豔抹、過度造型的頭髮及暴露衣著視為父權社會壓迫及物化女性的工具，多達完全是站在她們的對立面。然而，多達並沒有被誰物化，她就是傳奇人物。她是美國第一位爆紅的上空脫衣舞孃，而她接受隆乳而成的波霸被稱作是「舊金山的新雙峰」。我念研究所時看過HBO的《真實性愛》（*Real Sex*）節目，其中一集就是在介紹脫衣舞孃。當時知道脫衣舞俱樂部也會販售親密關係時讓我大為震驚。當然，說的是那種短暫交易的關係，通常是手握整疊鈔票的男人與幾乎衣不蔽體、只穿著丁字褲的舞孃之間發生的關係，而且那些舞孃通常就是繞著舞台上的鋼管挑逗地旋轉著。然而，其中卻有著某種真實的存在——那些脫衣舞孃讓我想起高中時期曾經混在一起的女孩們，其他人都認為她們是「蕩婦」的那些女生。

「天啊，蘇珊娜，你快點決定好不好啦！」安妮笑著說。那是個周末夜，我們站在街角。百老匯大街上到處都是醉醺醺的男人、休假放風的水手以及正在尋找新鮮刺激的情侶檔。我抬頭瀏覽那些閃亮的霓虹招牌：咆哮的二〇年代（Roaring 20's）、大艾爾（Big Al's）、飢渴俱樂部（The Hungry I）。

「就這家吧！」

我們鑽了進去。

當我們順著漆黑的走廊朝著那面紅色天鵝絨門簾走去時，我還在擔心俱樂部裡其他人發現我們時該怎麼辦。我，一個女人，竟然跑進脫衣舞俱樂部。當我掀開布簾的那瞬間，就立刻意識到那根本不是問題。大廳中四散在昏暗小桌旁的那些男人們，正全神貫注在同一個方向——他們不是在看我，而是舞台上那個半裸的女人。

我們若無其事地在後方找了張桌子坐下，點了幾杯貴得離譜的飲料。我啜了一口，竟然只是柳橙汁而已。這些「調酒」完全不含酒精，這都要歸功於加州法律禁止全裸脫衣舞俱樂部販賣酒精飲料的關係。不過這也無所謂，我們剛剛在街角酒吧喝的酒已經讓我有些微醺了。

台上那位黑髮舞者身材高挑，正踩著一雙我見過最高的高跟鞋擺弄著優雅的動作，接著輕巧地脫下那條細得像牙線般的螢光綠丁字褲。她將丁字褲甩到一旁，抓住鋼管攀了上去。居高臨下地掛在觀眾席上方，大腿夾住鋼管，接著張開雙臂向後下腰，彷彿是倒掛在夜空的天使。

我成長的學術環境就在舊金山灣的對面，然而那一刻卻離我有百萬哩遠的感覺。我觀察隔壁桌那位獨坐的商務人士，領帶已經鬆開，外套掛在椅背上，眼神渙散迷濛，他已經被催眠了。女性在這個世界裡權力在握，男性都臣服在腳下。我不想當個脫衣舞孃，因為我太害羞、太沒自信、內心太壓抑，我無法在陌生人面前脫光衣服，但是我渴望著她擁有的一切——舞台、觀眾讚嘆的目光，以及那些目不轉睛的男人。

我從小就渴望關注，這裡根本就是關注的盛宴。我在進入青春期後只能靠自己摸索性的知識，因為當時我的母親過得太消沉。這裡是性的盛宴，不僅公開展示，甚至標價販售。以前在布洛克計畫中，我是那個「受觀察者」，我是坐在托爾曼大樓那間簡樸實驗室裡被研究者們隔著一張桌子觀察研究的孩子。如今，我成了視淫者、欣賞者及窺探者，真是太神奇了。

當我們在凌晨時分飛馳回舊金山東灣時，我從車邊的後視鏡裡看著那座城市在後方漸漸縮小。我的父親過世了，但是那幾個小時裡，我竟然可以暫時忘卻這件事情。我覺得自已可以寫下這些經歷，我可以當「怪論新聞記者」（gonzo journalist），就像我最喜愛的作家（之一）亨特·斯托克頓·湯普森（Hunter S. Thompson）那樣並融入其中，讓色情產業成為我的寫作主軸。

大約過了一個月後，某天我在灣區周報瞥見一則廣告。一位名叫珍娜·詹姆森（Jenna Jameson）的色情片明星即將在米切爾兄弟（Mitchell Brothers）在舊金山經營的歐法雷爾劇院登台表演。我上網查了這家劇院，其背後有著一段狂放的故事，簡直就是變態鄉野傳奇界的代表，也在色情片史上擁有舉足輕重的地位。一九六九年，吉姆與阿提這對米切爾兄弟檔創辦了這家限制級劇院。一九七二年，他們推出色情片的經典作品《綠門之後》（*Behind the Green Door*），這部片更成了「色情時尚」年代的代表作之一。六年前，吉姆踹開親弟弟阿提的門並槍殺了他，吉姆被關進舊金山灣寒冷水域的聖昆丁州立監獄，服刑三年。這會不會是宇宙給我的某種啟示呢？畢竟，我在新聞寫作領域的偶像亨特·斯托克頓·湯普森曾是這間劇院的夜班經理，他還將這家劇院稱作是「美國性文化的卡內基音樂廳」，或許真的就是這樣。如今，歸功於家庭錄影帶的發展，這裡就成了脫衣舞俱樂部。

我在網路上找到珍娜·詹姆森經紀人的郵件信箱，詢問是否可以在她登台前採訪她？

對方回覆可以。一周後，我坐在日本町（Japantown）一間酒店的房間裡採訪這位成人產業中最接近跨界明星的女人。眼前這位有著一張娃娃臉、一雙碧眼又故意染金髮的女性正與她身為道具管理員的男友慵懶地躺在床上並回答我的問題。讓我印象深刻的並不是她說了什麼——撇開那些女性賦權的宣言、公然承認的慾求不滿以及對粉絲們的付出——我腦海中只有她那雙纖細的腳踝。儘管她說話帶著成熟女子的語氣又擁有赤裸裸的經歷，還像兔女郎潔西卡那樣藉由手術雕塑出來的曼妙身材，但是現實世界中的她不過只是個女孩子，恰巧走在成為世界上最知名色情片明星的路上。

訪談結束之後，我駕車前往劇院，腦中突然意識到自己竟然闖進了一個更大的議題，一個多數人沒有真正了解的主題——色情產業。這個產業並不只是性或金錢而已，儘管確實有不少人是為了性或金錢，但是這個產業也關乎慾望與需求，以及人們在以為沒人看見時的所做所為。我將以「怪論新聞式」的寫作風格揭露美國社會的淫穢面，呈現出這個產業齷齪卻真實的榮光。我也將藉由這個過程蛻變成一個比原本的自己更酷、更屌又更無所畏懼的人。我開車前往歐法雷爾劇院，招牌上的霓虹燈正在閃爍著。此時此刻，我可以忘掉父親的屍體、母親的自私，也忘掉任何他人對我的期待，成為嶄新的自己。

不久之後，我已經坐在後台的化妝室裡。珍娜．詹姆森及另一位色情片演員、同時也是她的舞台搭檔吉兒．凱莉（Jill Kelly）正在為上台做準備。我曾在《紐約客》讀過凱莉的相關報導——她的臉型瘦長、一頭金髮，古銅色臀部右側有個紅唇刺青。那篇報導還提到她那位由衝浪男孩跨界當色情片演員的丈夫卡爾．賈默（Cal Jammer）——某個下雨天的午後，面對她的事業蒸蒸日上，事業下滑的他在凱莉的家門前舉槍自殺。一絲不掛的詹姆森在接受訪問時正彎著腰拿眼影給自己的陰毛上色，我實在很佩服她這種不假掩飾又毫無羞恥的態度。**我也想要拋開羞恥心**。

這兩個人下樓之後，就像性慾過剩的帝國風暴兵一樣踩著超高的厚底長靴，穿著衣不蔽體的舞台服走上台，背景音樂是瑪莉蓮．曼森（Marilyn Manson）在嘶吼地唱著《美麗人民》（*The Beautiful People*），她們開始面對著台下多數為男性的觀眾表演。台下的男人們歡呼吶喊，台上的女人們開始脫光衣服，露出不受地心引力控制的胸部（下方依稀可見半月狀的手術疤痕），並張開雙腿供飢渴的男人觀賞。演出到高潮的時候，凱莉翻身倒立，然後詹姆森開始（假裝？我不太確定）幫她口交。台下一個男人目瞪口呆地看著這場色情表演，彷彿見證被提神蹟（Rapture）一般，表情震撼。從來沒有任何男人用那種眼神看過我，但是話說回來，我也不曾在台下擠滿觀眾的舞台上和另一個女人表演口交就是了。男人真想看這個嗎？一個女人公開幫另一個女人口交？其實也不是沒有可能。

表演結束後，兩位明星在侍從的伴隨下以要價二十美元的代價，與粉絲拍張拍立得。我本想找個小隔間坐下，不過那些隔間的桌上都被赤身裸體的女人們占滿了，她們正拿著假陽具自慰，供一群男人圍觀，這些人好像正在參加一場特別吸引人的起司火鍋派對。我拿出筆記本想要記錄所見所聞。一個男人從我身邊路過，他正朝著一間鋪著紅色絨布毯的房間走去，入口處還掛著金光閃閃的布簾，走在他前方的女服務生穿著暴露，身上還撒了亮粉，我注意到她身上散發出桃子與杏果的香氣。

我到底在做什麼？先是脫衣舞俱樂部，現在又是色情表演。這一切發生的太快了，但我又感覺有某種力量在牽引著我，拉著我走上這條道路。也許某一天，我在這情慾煉獄的墮落會讓我更了解自己——我自己的慾望、祕密及渴望。我還沒有辦法回答所有的問題……現在還沒有。

劇院外頭站著兩位笑容滿面的日本商人對詹姆森與凱莉打招呼，我看著這四個人先後鑽進停在一旁等候的黑色加長禮車並開往不知名的某處。我準備打道回府，此時我感覺天旋地轉，思緒翻湧。我的未來正在召喚著我。

——

我第一次看色情片是在十五歲那年。地點是在當時常常一起去兄弟會派對的某個女生家裡，因為她的父母總是不在家。某天下午，三、四個男生到她家門口按門鈴，這幾個人比我們稍長幾歲，也都是高年級生，他們總是聚在一起抽大麻，所以稱自己的小團體叫「麻幫」。其中一人帶來了色情片，一個人拉上百葉窗，一個人將錄影帶放進錄放影機，最後一個人按下播放鍵。

那部片的巨星是約翰．荷姆斯（John Holmes），共同演出的是一位穿著藍色睡衣的金髮女郎。荷姆斯脫掉衣服，費了一番工夫才讓他巨大的陰莖呈現半勃起的狀態，接著他就開始在那女人身上抽插。他怎麼走到這一步的？她又是怎麼走到這一步的？他們都是自願的嗎？

「你們看他的屌！」其中一個男生驚呼著。

螢幕上的女人正在呻吟。她是在假裝享受嗎？還是她真的很享受？真相似乎就在眼前，但是我卻搞不懂。

「太噁了啦！」一個女生厭惡地喊出聲，接著她將手指放進嘴裡，作勢想吐。

「少裝了，你明明就很愛。」領頭的那個男生說。他躺在地板上伸出手想打她的屁股，不過她敏捷地地閃開了。

男主角與女主角交媾的房間某處有台攝影機正在拍攝他們，而這些演員知道拍攝內容總有一天會在陌生人面前播放，就像我們現在一樣，所以他們都想要隱藏真正的自己，掩飾內心的感受，專心扮演著自己分配到的角色。他們的表情就是他們想要讓人看到的面具，那是用來掩藏真心的布幕。當時還是青少年的我，看在眼裡竟是莫名的熟悉，那就像我認識的大人們——說一套做一套的父母，看起來存在卻又像不存在，成年人總是把自己藏匿起來。

接下來的幾年裡，我偶爾還是會接觸到色情片，大多時候是碰巧看到，不然就是因為隨機事件——像是我正在約會的男生會突然拿出一部色情片出來炫耀，或是某個在家中舉辦的派對會突然在電視上播放色情片，或是舊金山某條街上掛著遮棚的骯髒電影院會宣傳某部色情片正在上映中的廣告。色情片讓我感到好奇、興奮又備受挑逗。我以為色情片是為男人而存在的一種媒介，純粹就是為了讓男人看著打手槍的一種電影類型，那是低俗電影的代表，不需要認真對待，不過就是黃色笑話罷了。

我念研究所時，當時最好的朋友在一家錄影帶出租店工作，那家店有著被單獨隔間的色情片專區。我們會為了找樂子而租那些劇情荒誕的片子，像是農舍裡的雜交派對、兩個男人玩雙頭龍假陽具，還有一部惡搞《發條橘子》（*A Clockwork Orange*）的猥褻片子，名叫《發條淫亂》（*A Clockwork Orgy*），片中所有的「小混混」都是女性。我時不時會忍不住問自己相同的問題：**這些人到底是誰**？

也許你會以為，我會開始撰寫以性為主題的文章是因為我很清楚自己選擇這個題材的理由，其實不然。也許你會以為，我去歐法雷爾劇院觀看那些色情片明星表演時，我很清楚自己為什麼會在那裡，其實不然。也許你會以為，我經歷那個夜晚過後會無法停止思考色情片谷，那個色情片位在加州南端的大本營——你以為我心中有合理的理由解釋想去那裡的原因，其實不然。真相很簡單——珍娜的經紀人告訴我，假如我有機會拜訪洛杉磯，他們很歡迎我去色情片拍攝現場採訪，因為沒有人用我想要的方式在撰寫色情產業的報導。有幾個男人，其中不乏幾位知名作家，曾經報導過色情片產業，但多半是「空降採訪」（parachute journalism），一種發表在男性雜誌上、冗長又帶著有色眼光的文字。女性則能夠以男人做不到的方式書寫色情片產業——不受干擾地直搗色情夢工廠的人性議題。於是，我出發前往洛杉磯。

一九九七年八月下旬的某個炙熱難耐的午後，我人在色情片《引爆點》（*Flashpoint*）的拍攝現場。我聽說這部片的劇情是講述一群男女消防隊員在一位同袍殉職之後，以瘋狂做愛的方式安慰彼此。拍攝地點位在距離洛杉磯市中心不遠的停車場中央，總共七位色情片演員正在消防車上群交，我離他們不到二十英呎。

我右手邊站著其他幾名記者，一群為《親愛的》（*Cheri*）及《好》（*Oui*）這類雜誌撰稿的中年男子——他們正在振筆疾書地寫筆記。我低頭看看自己的筆記本，一片空白。我不知所云，**群交？消防車？中暑？**

一位金髮女優正站在梯子上專心地為一位男優口交，兩名男優與另一位金髮女優則在消防車頂三人行，還有一對男女在駕駛座激戰著。幾位真正的消防員就站在幾碼之外——我稍早還看見他們開著這輛從洛杉磯市政府借來的消防車進場，這幾個人一臉認真地看著拍攝場景，好像這些內容會在日後考核中驗收一樣。我們頭上有一架攝影機懸掛在吊臂上，忽遠又忽近，意興闌珊地拍著。

拍攝場景一旁是圍著半圓形站著的工作人員，他們百無聊賴地觀看演員們在毒辣的日頭下揮汗喘息，隨著節奏推動與挺進，他們那人工曬黑的油亮皮膚緊實地貼在精壯腹肌與雕塑出的曲線上。

一個小時過去了，我在汗水中寫著筆記，後來才發現字跡已經難以辨認。演員們已經換了不同姿勢。此時遠方傳來一陣狗吠，一架飛機正劃過無雲的天空，接著有人不太禮貌地打了個哈欠。其中一位女色情演員呻吟一聲，大腿內側開始不停顫抖。傳教士體位變成後背式體位，女上男下變成男上女下，三人行拆解後又重組成新的陣容，而梯子上的金髮女優似乎高潮了，高亢的尖叫聲回盪在工業區中。

此時，三人行中的一位男優突然向後退，脫離那位在他身前彎著腰的女優。他低頭盯著手中疲軟的陰莖，彷彿那不屬於他的似的。氣氛有點緊張，我屏住呼吸，靜待發展。

「潤滑劑！」那個男優大喊著，好像戰場上的士兵呼喚醫護兵那樣。此時一小瓶潤滑劑劃過無雲的天空並「啪！」地一聲落入他高舉的掌心中。幾分鐘後，他又恢復了機械式的抽插動作。現場災難解除，男記者們都鬆了一口氣。

這場戲拍了兩個小時之後，現在該是男優們「一射千金」的時候了。兩位站在消防車旁的工作人員正在討論著他們稱作「FIP」的術語。

「什麼是FIP？」我小聲地詢問離我最近的色情片記者。

「假內射（fake internal pop）。」他回答。

隱藏攝影機懸停在三人行其中一位男優的面前，他正在為接下來的假高潮鏡頭做準備，這個鏡頭將會在後製時與他接下來一射千金的鏡頭交錯剪接在一起。他的臉扭曲著，嘴巴張大地喊了一聲「喔！」與其說是爽，那表情看起來更像是痛苦。鏡頭拍攝完成後，攝影機開始往下拍攝，此時男優的頭部已經不在畫面中，而這天唯一的真實畫面就落在跪在他腳邊那位假胸部上長滿雀斑的女優身上。

有人開始鼓掌，這個場景拍攝完成了。女優們都回到自己的拖車內休息。工作人員聚集在餐飲區附近準備用餐，生菜配田園沙拉醬，還有一大碗菲多利（Fritos）洋芋片。

我坐在陰涼處的一張摺疊椅上面。顯而易見的是，據稱二十五萬美元的預算所換來的劇情就是這樣廉價，就是一場消防車上的群交。畫面之外不像是在觀看人們做愛，反而像是在目睹一場以交媾為競技項目的奧運會，性愛幾乎可以說次要的。

「覺得怎麼樣？」其中一位假扮消防員的男優站在我面前，岔開雙腿站在我面前。這位名叫麥可・威金斯（Michael Wilkins）的黑髮棕色肌膚演員曾經是護理人員，他的妻子是位金髮色情女優——輕聲細語又溫柔的蜜西（Missy）。威金斯裸著上半身，下半身還穿著黃色消防褲與紅色吊帶，參雜著多重角色。他就是站在梯子上被口交的男優，如今他的鼠蹊部離我的臉不到一英呎。我伸手遮擋陽光並抬頭看著他，想弄清楚他問這話的意思，他想要表達什麼。

「嗯，確實很有趣！」我回答，我說的是過去式。這是個超寫實的荒誕經驗。我彷彿踏進一個所有舊規則都不再適用的異世界，這裡的人會在消防車上公然做愛，然後按照指令射精是工作職責的一部分。

儘管色情片產業的荒誕之處不勝枚舉，不過目睹其製作過程卻是很有啟發的一件事。撇開那些表演技巧，像是假高潮、不真實的身材以及荒謬的劇情，其背後有著更深層的東西。色情片展現著赤裸裸的人性。

隔年一月，我已經收拾好行李，準備搬到洛杉磯。我在洛斯費利茲租了一間陽光充足的單間公寓，那裡是時髦的東區。我在接下來幾年將以自由記者的身分寫作，而「性」是我對外宣稱的報導主題，不過我真正感興趣的是號稱色情片谷的那個產業。

——

我時常會開車穿越卡溫格山口——十九世紀末的時候，據說加州參議員查爾斯·麥克萊（Charles Maclay）曾站在那片山坡地上眺望隔開洛杉磯市區與聖費爾南多谷的這片田園般的山谷景致，並宣稱：「這裡就是伊甸園！」我最後在花花公子電視（Playboy TV）找到了一份出鏡記者的工作，工作內容是為一個名為《諸如性愛》（*Sexcetera*）的節目與另外五位記者一起環遊世界並報導與性議題有關的報導。某個製作人曾經形容這節目就是「威而鋼版本的新聞節目《60分鐘》（*60 Minutes*）」。這個節目的每則報導大概都八分鐘長——因為那是一般男性在自慰時所需的平均時間。只要有人問我在這節目裡擔任什麼角色時，我會解釋：「我對著鏡頭講話，然後背後有人在做愛。」

我去過花花公子大廈三次，見過休·海夫納（Hugh Hefner），也在那座惡名昭彰的洞穴池裡閒晃過，還看著火鶴在草坪上踱步，然後目睹關在室外籠子裡的猴子對訪客們嘶吼。我去過倫敦的性癖派對，也拜訪過巴黎的脫衣舞俱樂部，訪問過色情片明星、妓女、色情片導演、脫衣舞孃以及牛郎。我在卡諾加公園的一間攝影棚裡親眼目睹超過上百名男子在一個旋轉盤上輪流與一個女人性交，其中兩名男子還在雙龍入洞時互相擊掌。北好萊塢有一棟紅色磚牆建築，外頭掛著一塊牌子寫著「大樓」兩字，我在那裡目睹八十個男人將精液射到一個女人的臉上——那女子的脖子上還套著一個用膠帶綁住的塑膠項圈。我也在范奈茲（Van Nuys）某汽車報廢場的一棟房子裡親眼看見扮成殭屍的男優與穿著女學生制服的女優性交。

我在自己的公寓收藏大量色情片，我認識的任何男人都沒有我的收藏多。我一周會聽見好幾次UPS司機跑上樓梯並把紙盒包裝的VHS錄影帶放在我家門口的聲音。不久之後，我家已經放不下這些片子了，當衣櫃下層也堆滿之後，只好繼續塞進櫃子或疊在床底下。我收到免費訂閱的《成人影片新聞》（*Adult Video News*）雜誌，這是色情產業的業界雜誌，封面上經常刊登當紅的成人片明星，內容則會列出成人片暢銷排行榜，此外還有一個鹹濕的專欄「待召公車」（Fresh off the Bus），介紹一些剛入行的新進女優——她們原本抱著明星夢來洛杉磯當演員的，不過因為種種原因——也許身高太矮、野心不足或是演技不佳，最後來到色情谷。這些人多半來自堪薩斯州的托皮卡、德州的拉雷多或威斯康辛州的基諾沙，最後成了色情界明星，好說歹說也是種「明星」。

色情片的拍攝現場，那個女人坐在中央，攝影機的黑色「眼睛」正對焦在她身上，幾個男人在她身邊繞成一個半圓，我在那一刻覺得自己比在任何地方都更加充滿生命力。我沒有辦法解釋這種感覺，也沒跟任何人提起過，也沒讓當時的男朋友知道。我離開拍攝片場並開車來到色情谷最東端那段被稱為隘口的洛杉磯河流域——那裡曾是原住民通瓦族（Tongva）居住的小村落——此時我會感覺全身麻木，彷彿為了回到現實世界而感到失落，那「色情片之地」（Pornland）才是我能夠安心做自己的地方。我的大腦終究會開始進行調整，而我也會再次回到現實世界。我當時並沒有察覺這種「解離」的狀態，那是後來才明白的。

大約就在我搬到洛杉磯滿一年之後，我收到一封來自傑克的信。我即將在三十二歲接受布洛克計畫的最後一次評估。我是否願意參加？而這次我們不會回到托爾曼大樓了。（因為那太複雜了——他們在過去三十年中持續地追蹤我們，而我們之中有些人的生活已經遍布全球了。）一如既往，我還是答應了。接著就收到一份厚厚的問卷，其中問題非常多，諸如我是否正處於一段關係之中？結婚了？離婚了？父母是否健在？異性戀？同性戀？雙性戀？還是其他？我快樂嗎？對生活感到滿足嗎？還是感到不安煩躁呢？我有很多朋友嗎？還是比較喜歡一個人？人生是否如我所願的發展呢？還是已經走偏進入未知的領域？我努力讓自己誠實作答，不過我的回答多少帶著美化與修飾，就像孩子試圖想要讓不常見面又許久未見的父母留下深刻的印象一樣。

幾天之後，我扳開街尾郵筒的蓋子，將回郵信件投了進去。我突然想起那些研究人員的工作就是要透過仔細研究、積極傾聽以及周詳筆記，其實這正是我成為一名記者的養成。或許正是這段參與研究的經歷才將我引向了撰寫性產業報導的這條道路上。我覺得自己與筆下那些色情片明星、脫衣舞孃、伴遊女郎之間有著某種共通點——我們都有著渴望被看見的需求，那種渴望與眾不同、渴望自己很特別的感受。**原來如此**，我心裡想著。

接下來在洛杉磯的那幾年裡，我上電視一百多次，發表了上百篇文章、散文以及專欄，內容刊登在各種雜誌、報紙、周刊以及網站上。最早期的性愛部落格之一《顛覆女牛仔》（*The Reverse Cowgirl*）就是我創辦的，而且備受歡迎。某場《花花公子》舉辦的集會上，還有《諸如性愛》節目的粉絲來請我在拍立得照片上簽名。我讓自己成為人類性研究方面的某種專家。

然而，這樣的生活過了五年半之後，我已經精疲力竭了，腦袋無法思考，再加上情傷而心碎難受。我在研究所時是寫小說的，也許我可以換個地方生活，撰寫一本以色情產業為背景的小說。我打開電腦，開始研究美國地圖。我從來沒去過美國南部。紐奧良聽起來不錯。波旁街，二十四小時全年無休的瘋狂派對。懺悔星期二（Mardi Gras）的狂歡節串珠與松蘿。

八月某個霧濛濛的早晨，我將家裡的色情片及別人送我的仿造某位女優陰部的矽膠模型全部裝進垃圾袋，扔到路邊等垃圾車來收走。

隔天，我便離開洛杉磯了。

——

兩年後，某天我盯著電腦螢幕看著卡崔娜颶風的暴風眼正朝著路易斯安那州步步逼近。過去這兩年的生活並不像我原本期望的那樣順心。我的小說進度緩慢，我持續接案寫稿的收入並不充裕。我那時曾經與一家獨立出版社合作出版了一本短篇故事集，銷量只有六百本。

很快地，五級颶風就要登陸了。那可不是一般的颶風，而且還在迅速擴大到暴風半徑兩百英哩的超級颶風，最大持續風速可達每小時一百七十五英哩。我一頁一頁點開各家的氣象預報，想要查看颶風的潛在登陸地點，而我的手也忍不住顫抖著。

我起身在那棟租來的粉紅色狹長小屋裡踱步著——那裡與密西西比河只隔幾個街區，位在以某位被活生生剝皮的聖人之名命名的街上。我必須離開紐奧良——但是要怎麼離開？幾個月前我才剛與擔任凶殺案警探的男朋友分手，如今男朋友已經成了前男友，我絕對不可能求他來救我，而我搬來這裡時就已經將那輛從洛杉磯開來的車賣了，我該怎麼辦？靠那輛平常在鎮上代步的粉紅色腳踏車逃離颶風的追趕嗎？我決定跳上巴士，去往哪裡都行。我抓起電話並叫了輛計程車。

「巴士站已經關了。」司機扭動著方向盤，依照車站入口的警察指揮轉向。

「可惡。」我努力控制呼吸。

「那現在要去哪？」

「回家，回家吧。」我哪裡也去不成了。

我付了車資，站在家門口仰望天空——那是詭異的一片橘色。住在同棟屋子另一側的那對夫妻不在家。不，等等，女主人不在，但是男主人還在家。我回到屋內打電話給鄰居太太，她向我保證，他一定會帶著我一起撤離。我還沒脫困，還沒，差遠了，但我至少有便車可以搭。

八個小時過後，我坐上了一輛車並朝著西北方路易斯安那州的巴頓魯治前進。夜幕降臨，前方的車輛正龜速移動著。對向開往紐奧良的車道則是空無來車。雨滴開始落在擋風玻璃上，一滴接著一滴，然後開始滂沱大雨。那是颶風外圍的降雨帶，超級颶風終於向我們撲來了。

通常從紐奧良到巴頓魯治只需一個半小時的車程，但是因為整個路易斯安那州南部人口撤離的關係，我們花了足足十一個小時才抵達。我們在巴頓魯治與其他十幾位難民一起在陌生人的家中過夜，大家都分散在椅子、沙發及地板上睡覺。星期二那天，我們一起看新聞——堤防垮了，我們的新月之城（紐奧良）泡在洪水裡。

「媽媽有來過電話嗎？」過了幾天之後，我在巴頓魯治那棟房子附近散步，一邊打電話給我的姊姊。自從我搬到洛杉磯開始，我與母親的關係就越來越疏遠。搬到紐奧良之後，就更少聽到她的消息。有時候我會打給她，和她聊聊我的生活日常，說說我正在寫什麼文章、聊聊正在跟誰約會，或是我正在閱讀的書，也許她也讀過。然而，她最後就會沉默不語。似乎是覺得無聊且不感興趣，彷彿寧願自己身在他處做別的事情一樣。這種反應很傷人，但她畢竟是我的母親，所以我還是嘗試與她保持互動。不過我老覺得自己就像是在不停地撞牆，希望自己有一天能把那道牆撞破。

「沒有。」我姊姊也沒接到她的電話。「她有打電話給你嗎？」

「我很久沒有她的消息了。」我舉起另一隻手遮住眼睛。她其實應該就坐在柏克萊那棟小房子裡，那是她在賣掉我們從小長大一起住的那棟房子之後買下的。她不可能沒看到新聞，電視裡每天二十四小時都在播卡崔娜颶風的最新消息。電視畫面裡可以看到受困民眾在屋頂上吶喊求救，也可以看到屍體浮在水面上。她難道不想知道我有沒有生還嗎？她不想。我想起她曾說過的一句話，「我再也不想當媽媽了。」

由於我不能回去紐奧良，所以我買了機票飛到維吉尼亞州，投靠研究所時期最要好的朋友莉迪亞（Lydia）。我睡在她閣樓的臥室裡，擠在她兒子那張紅色賽車造型的小床裡睡覺。我的內心很難受，因為我的母親依舊音訊全無，同時又覺得自己這樣生活一團糟的成年人很愚蠢，也慶幸莉迪亞一家願意收留我。

國民警衛隊在路易斯安那州封鎖了我原本居住的社區，所以我過了一段時間才有辦法回去看看房子裡還剩下什麼。後來到了十一月的時候，我租了一輛車開回這座殘破不堪的城市。我忍不住哭了，這座城市曾經是那樣的美麗，如今卻被這場天災在一夕之間摧毀。洪水已經退去，家家戶戶的電冰箱就像墓碑一樣矗立在人行道上，過去的住家已成廢墟。

我將車停靠在那棟狹長型房屋的前面。前門上貼著的告示牌說著屋頂的瓦片是石棉做的，請勿入內。我還是打開門走了進去。我站在前廳抬頭望著天花板上的間隙，我可以看見藍天白雲。就好像有個巨人在我不在家的時候來過，然後像拉開易開罐一樣撕下屋頂，就為了取出裡面的東西。那些我曾露面的電視節目錄影帶以及過去發表過的文章剪報全都毀了。牆上冒著錯綜複雜的黑色黴菌，好像一面蕾絲窗簾。床上堆著大大小小的石頭，後院裡那棵百年胡桃樹已被連根拔起，好像牙籤一樣被丟在一邊。我從那些完好的物品中挑選著，其中包括一箱文件，裡面有來自布洛克計畫的信件，父親的骨灰，以及克堤斯的骨灰——他在我從洛杉磯搬家之前就過世了。我將這些東西裝進那輛租來的車裡，駕車經過人行道上的一艘船，再穿越龐恰特雷恩湖上已經半場的大橋，以及那片被颶風蹂躪過的廣大森林。

回到維吉尼亞州之後，我覺得自己最好先住在莉迪亞家附近一陣子。我租了一間公寓，由於腦袋還是無法正常運作，我選擇去餐廳當服務生。儘管我逃過了那場颶風，但是洶湧的洪水在我心中已經將我滅頂。

Chapter 4

我在接下來的幾年裡都在與創傷後壓力症候群（PTSD）拔河。儘管我逃過颶風的劫難，那段經歷卻讓我的大腦出現短路。我在維吉尼亞州的過渡時期，生活過得支離破碎，思緒紊亂。我過著恐慌症時不時發作的生活，溺水的惡夢也會反覆出現，還有情緒上的耗竭。我感覺不到自己了，彷彿原本的「我」已經被外科手術切除，留下的只是繼續住在同一個軀殼中的幻象。

我在一家高檔義大利餐廳裡打工，我和其他穿著黑衣圍裙又語氣懇切的服務生會在周末夜晚的巔峰時段奔波忙碌，滿足那些西裝革履或身著華服的有錢食客所提出的飲食需求。這些人開著BMW、賓士抵達，時不時也會出現法拉利，但卻刻意錯開我們的眼神，彷彿這樣就不需要勉強自己接受原來伺候他們的人也和他們一樣是人。那些訂價過高的帕瑪森雞排、燉小牛膝及伏特加奶油筆管麵經常吃幾口就不吃了，然後點一瓶價值上百美元的葡萄酒時，眼睛連眨都不眨一下。當下我都會不禁回想過去在洛杉磯的生活，彷彿那是別人的人生似的。

然而，有股力量還是持續地將我向前推。當服務生的收入足夠讓我支付生活開銷，而我閒暇之餘還是會接案撰稿。我曾為當地報紙報導一位曾在伊拉克駕駛悍馬車的退伍軍人，他服役期間因為開車壓到爆炸裝置導致全身百分之三十四的燒燙傷。我重啟了部落格寫作，也註冊了交友網站，出門約會過幾次，支離破碎的意識開始漸漸癒合。二〇〇八年，移居維吉尼亞的三年後，我被一家名為 The Frisky 的網站聘用為編輯。這個網站鎖定十八到三十四歲女性族群所感興趣的各種內容，而我的工作就是管理一批投稿作家，同時也撰寫關於名流、時尚與性愛的文章，我也因此辭去餐廳的工作。

後來到了二〇一〇年春天，我打算要換一個新環境生活。身為一名自由工作者，我不管住哪裡都可以工作。我考慮過要搬回洛杉磯，不過那裡的生活成本太高。我聽說德州奧斯汀的生活成本不會太高，而該城市的座右銘是「特立獨行奧斯汀」（Keep Austin Weird），於是我決定搬去那裡。要與最好的朋友分離固然傷感，不過也準備好離巢單飛了。我在奧斯汀市中心租了個單間套房，繼續自由接案撰稿並靠寫部落格賺錢，也開始為一些品牌撰寫廣告文案。期間我也繼續和不同的新對象約會。一年之後，我決定搬去芝加哥——讀研究所時曾經住過的城市，也是配合的廣告公司總部所在地。

我在飛機上閱讀保羅・奧斯特（Paul Auster）的《玻璃之城》（*City of Glass*），書中引述一段波特萊爾（Baudelaire）的名言：「Il me semble que je serais toujours bien là où je ne suis pas.」這句話的譯文是：「我總覺得自己身在一個我不在的地方才會感到快樂。」我望著窗外，我們正飛越不知道哪一州的上空。我之於這段話，或是這段話之於我。我總是在追尋幸福或愛，或是某個像家一樣的地方。父親過世之後，我和繼母就疏遠了。颶風過後，我和母親也疏遠了。再接著，我和姊姊鬧翻了，彼此斷了聯繫。孤身一人，也許我會在芝加哥找到內心追尋的一切。

我在城市北邊的一棟紅磚建築租了公寓，然後透過交友軟體認識一位電視新聞製作人。他是愛爾蘭人，聰明又風趣。他經常喝酒，也經常離家飛往遙遠的地方執行危險任務，像是報導阿富汗戰爭或埃及革命。我們後來開始討論一起同居。

那年秋天的某個周五夜晚，我們在一家義大利餐廳共進晚餐。當我又起另一口青醬寬麵放進嘴裡時，我意識到他正在跟我提分手。

「你想要的是我給不了的，」他說。「你不同意嗎？」我望著他那血絲密布的綠色眼眸、發紅的皮膚以及幾天沒刮的鬍渣。他以為我想要的是什麼？而且是他無法給我的？霎那間，我不太確定自己到底想要什麼。他真的知道我要的是什麼嗎？我想要問他，他覺得我要的是什麼？不過還是打消了這個念頭。

「你根本不知道我想要的是什麼。」我開口辯駁著。

千萬不要結婚！打從我的父親離開母親之後，我的母親就總是將這句話掛在嘴上。**假如女人需要男人才能活，那麼魚就需要腳踏車才能生存！**母親總會振振有詞地引述她最欣賞的女性主義者說過的話。**格洛麗亞・斯泰納姆**（Gloria Steinem）從未結婚，她還會再加上這句，**那你也不應該結婚。**（後來斯泰納姆在二〇〇〇年結婚了，我母親就再也不說這句話了。）

自從我的父母離婚之後，母親只談過一段認真的戀愛，而且是與一位已婚教授長達十年的婚外情。我一直根據她的指導保持單身，就像《慾望城市》裡的凱莉・布雷蕭一樣。那我現在擁有什麼？就是又添上一段失敗的戀情。

「我送你回家，好嗎？」我們站在餐廳外的人行道上。我在夜裡的冷風中顫抖，寒冬即將來襲。

我沒搭理他，轉身大步離開，一邊將黑色羊毛大衣抓得更緊。黑色高跟靴踩著腳下的落葉沙沙作響，我發誓再也不讓人這樣對待我了。下一次，我來提分手，媽的。

我回到公寓門口，打開門並撥開電燈開關。接著走向暖氣機，扭開那緊栓著的轉鈕，暖氣機開始運作，像蛇一樣嘶嘶作響。我掛好大衣，癱倒坐在床上，準備脫下靴子。我仰躺在床上想著，難不成我注定要像母親一樣，痛苦又孤獨地……終老嗎？

我知道自己該怎麼辦了。我翻身拿出筆電，輸入交友網站的網址，匆匆地寫了段個人簡介並上傳幾張照片：一張撩人的對鏡自拍、一張在紐約市與朋友在酒吧的微醺合照、一張在跨年派對上穿著黑色洋裝與高跟鞋搔首弄姿的照片。我想要找什麼樣的對象？網站的表格問著。我邊笑邊輸入：「一個絕對不會無趣的男人」。我瀏覽著不計其數的交友照片，有個人立刻吸引了我的注意。深色眼眸及深色頭髮（我的菜），身高六呎三，跟我一樣都是高個子（我六呎一）。他是某企業的高層，曾任美國海軍陸戰隊後備役中校。我後來才知道他曾經兩度派駐伊拉克並參加過伊拉克戰爭。我仔細看著他一張笑容滿面的照片，肩上垂掛著一尾巨大的黃色蚺蛇，他看起來絕對不會無趣。我在線上發了一個眨眼符號給他，然後闔上筆電。

隔天早上，蚺蛇男的訊息已經在信箱中等我了。我們互傳了幾則曖昧的訊息，約好碰面喝一杯。

一周後，我站在人山人海的酒吧裡找人。

「他好帥。」我看到他時心裡想著。我向他走過去，互相握手打招呼。酒吧裡實在水洩不通，所以我們就走去街上的另一家餐廳。

「我上網搜尋過你。」他邊切著牛排邊說著。

我盯著盤子裡的鮭魚排，心想如果他真的上網搜尋過我的名字，那他一定知道我發表過不少以性愛為主題的文章。當然，我發表的不只是性愛話題而已，我也報導過電影、電視節目、藝術、時尚、新聞快報、政治、書籍、美食、旅遊……等議題。不過男人們上網搜尋過我的名字之後，往往只記得與性愛相關的內容。

「我覺得很有意思。」他笑著說，接著他舉起叉子並開始背誦維基百科上面關於我的內容。「我過目不忘。」他說他的智商超過一百五十。

晚餐過後，我讓他開車送我回家。當他將車停在我住的大樓前時，我依然坐在副駕駛座裡。他沒有試圖親吻我，於是我走上前院的小徑，我想他可能對我沒興趣。

隔天，他與我相約下次約會。那個星期五，他開車來接我，然後帶我橫跨整個城市，進行馬拉松式約會：我們在中國城吃午餐、去湖邊散步、接著到像電影《第三者》（*Wicker Park*）中出現的時髦酒吧裡品酒配起司。傍晚時分，我們回去他位在芝加哥北部郊區埃文斯頓的獨棟別墅，我認識了他的兩隻乞沙比克獵犬，一公一母，傑克與可可。那晚，我們上床了。我待到星期一早上才離開。

星期二，我坐在他家廚房吧檯旁的高腳椅上。他正在攪拌鍋中沸騰的義大利麵。我望著他，感覺自己正漸漸地愛上他，即將深陷。

「你覺得怎麼樣，」他對我眨個眼說道：「這個周末，我們飛去拉斯維加斯，然後——」

他故意製造緊張氣氛地停頓了一下，「結婚如何？」

「你在開玩笑嗎？」

我在腦海裡開始盤算著——我至今未婚，而他結過一次婚。我們都沒有小孩，而且也老大不小了。**那還猶豫什麼**？我從高腳椅上滑下來，繞過吧檯並張開雙臂摟住他的脖子。

「好。」我大笑著說。

距離我們的第一次約會九天過後，我們站在拉斯維加斯賭城大道上一間棕色木製教堂裡交換結婚誓詞——安潔莉娜．裘莉與比利．鮑伯．松頓也是在這裡結婚的。我穿著一件奶白色單肩的花邊小禮服，腳下踩著在諾德斯特龍百貨買的金色細跟高跟鞋，而他身上穿著衣櫃裡找出來的一套棕色西裝。沒有任何親友出席。

就這樣，我結婚了。

——

那天晚上，我赤裸地躺在床上，丈夫就躺在我身邊熟睡。我們下榻賭城大道一間高樓層豪華酒店的特大床房裡。我結婚時穿的那件小禮服在地板上，靠窗的桌上有幾顆吃剩的草莓巧克力擱在盤子裡，旁邊還有一瓶喝光的凱歌香檳。我的捧花是由奶白色玫瑰、滿天星與綠色蕨葉所組成，現在插在一個裝滿水的冰桶中。我盯著天花板看著，心情太過興奮而睡不著。這一切發生得太快，我已是人妻了。

我找到屬於自己的白馬王子了，不過在那之前，我也親了不少隻青蛙。我甚至記不清自己到底跟多少男人上過床了——至少三十五個吧？可能接近三十八，超過四十也不是沒有可能。那就說起K，我高中同學的弟弟，我在他父母家後面的客房裡獻出我的第一次。再說到N，他是我在社區大學時認識的初戀男友。他偷走我的提款卡並盜領帳戶裡的錢，當我與他對質時，他還撒謊（難不成我真的告訴他密碼了？）。還有T，我在舊金山一家夜店遇到的房地產經紀人，一夜情，此後再也沒見過。再說到B，他在美國足球聯盟（NFL）的某支隊伍擔任前鋒，我當時還在念研究所，我們在一起交往了幾個月。他的身高六呎六，體重三百磅，我在他身邊顯得格外嬌小。還有R，他是情緒多變的洛杉磯藝術家，專門製造會噴火的機器人；第一次約會時，他就讓我試玩他做的火焰噴射器，我當場就愛上他了。A，知名喜劇演員。他在好萊塢山莊的家中，每個房間都放著情趣娃娃；某天當他去廚房拿啤酒時，我用力拉扯娃娃的矽膠舌頭，結果就斷在我手上了。G，我住在紐奧良時與這位兇殺案刑警交往了一年；他長得很像貓王，我那時瘋狂地愛著他，而他卻提出分手，至今原因不明……還有其他對象，而他們的名字、長相與身材已經隨著時間流逝在腦海中變得模糊。回首過去，我似乎花了數十年在陽具森林中流連忘返。最終，那一次又一次的撫摸、口交與抽插，帶領我來到現在的位置。

我抓起床頭櫃上的數位相機，我用那台相機記錄結婚當天的畫面。我的目光停在其中一張照片上，那是我們準備出發去教堂時在酒店浴室鏡子前拍的。我的頭髮在造型師的巧手下成了鮑伯頭。單肩禮服上那雕塑般的打褶蓬飾增添了戲劇性的美感，不過相機卻在鏡中遮住了我的臉。

我將相機放回原位，轉身弓起身體環抱著我的先生。我是大湯匙，他是小湯匙。我可以感受到從他身上散發的體溫，呼吸的起伏，如節拍器般穩定的心跳。遠在下方的賭城大道上，人們庸庸碌碌地走動著，尋求金錢、性愛、毒品、刺激以及內心渴望卻難以成真的自己。而我處於高處的套房裡，安心自在，彷彿回到母親的子宮之中。這就是我長久以來所嚮往的感覺。

——

四天之後，那是十一月下旬的一個寒冷早晨，我搭上一班高架列車前往市中心的醫院，準備接受年度的乳房攝影檢查。抵達醫院後，我搭電梯上四樓，接著有人將我從候診室帶進更衣室。我脫下身上的黑色高領毛衣，換上一件綁帶在前的寬大粉紅色病服，然後坐在一排椅子上，與其他那些也穿著粉紅病服的女人一起等候檢查。

一位護士喊了我的名字，我跟著她在走廊上移動。進入檢查室後，我解開病服並向那台機器靠近，雙手環抱著機器的姿勢讓我有些難為情。她將我右邊的乳房放在冰涼的機器上，接著一塊透明板子開始慢慢地降下並將乳房組織緊緊地壓住。我皺起眉頭忍受著，接著那位護士走到一台螢幕前面。

「憋住呼吸。」

機器開始嗡嗡地運轉著。護士在機器與螢幕之間來回走動著，不斷地調整我的姿勢，再反覆檢查影像。接著再以一樣的流程檢查我的左乳。

「我去找醫生談一下。」

我坐在椅子上等著。

當她回來時，她說醫生指示再掃描幾張看看。**沒事的，**我告訴自己。接著她開始重複掃描我的右乳。**你才剛新婚，都還沒度蜜月呢。**

「先在這裡等著。」她說。

十分鐘後，護士再次出現，並帶我走進一間狹小的辦公室。我坐下後開始環顧四周，書架上滿滿都是連書名都深奧難懂的醫學書籍。

感覺不妙，我心想。

然後門打開了。一位骨架纖細的漂亮女醫生穿著白袍並帶著嚴肅的神情走了進來，身後跟著一位寬臉又魁梧的短髮女子——**她是護士嗎？**

糟糕，大事不妙。

「我沒有辦法應付這種場面。」我說完立刻潰堤。

護士緊緊握著我的手腕。

「先好好聽醫生怎麼說。」她輕聲地勸導我。

「你看這個位置。」醫生對著安在牆上的數位螢幕指著我的右乳影像。那些細微的乳腺影像之中有一塊陰影，看起來就像鬼魂一樣，我的乳房好像被鬼附身了一樣。「那些叫鈣化點。鈣化點分三種：良性的、惡性的，以及我們還不能確定的。你的是第三種，我們現在還無法判定，所以你需要再回來複診，我們必須做切片檢查。」

我在更衣室裡穿回自己那件高領毛衣。這肯定只是在大驚小怪，我心裡想著。醫生是出於過度謹慎才又開了那一堆不必要的檢查。我的人生到現在都不太關心自己的胸部——我的胸部算小的了，只有B罩杯。我也沒做過什麼讓它們想要謀殺我的事。我的奶子沒事的，我的胸部不會死，我的乳房是良性的。

「應該沒什麼好擔心的，對吧？」當晚我問我的先生。（我們結婚後，我就搬去跟他住了，不過有些東西還是留在我的公寓裡。）他曾在地球另一端打仗，還活了下來，就算事情真的不樂觀，他也會知道怎麼應對，不是嗎？

「沒什麼好擔心的。」他張開雙手緊緊地抱住我。

幾周之後，我趴在醫院一張金屬診台上，右乳從那張診台的一個開口向下垂掛著，醫生正在進行乳房腫塊粗針切片檢查。一塊金屬板緊緊壓著我的乳房固定著，醫生則站在螢幕前控制針頭，接著取出一塊塊小小的組織樣本。

檢查結束後，護士替我包紮好傷口，以免血流全身。離開診間之前，我停下腳步看看裝著那些組織樣本的培養皿——那些組織看起來很像煮熟的小蝦子。

那個星期六，我與先生去逛好市多，當我們在寵物食品區閒逛時，我的手機響了，來電顯示是醫院打來的。

「你得了乳癌。」電話那頭的男人通知我，我立刻一屁股坐在那袋四十磅重的狗飼料上並將手機遞給我的先生。醫院通知我是乳癌早期，不過並不是那種常見又好對付的癌細胞，不是那種市面上常見的癌細胞，也不是那種我可以在超市貨架上自己挑選的那種「致命武器」。我罹患的是非常糟糕的那種乳癌，我在日後那段「抗癌之旅」中遇到的許多醫生都會因為這種癌細胞而眉頭深鎖。

「我們得做雙側乳房切除手術。」一位幹練、冷靜又沒有表情的腫瘤科醫生在診療室裡幫我做檢查，一邊打量我的反應，她的雙眼在厚重眼鏡後的睜得好大。「我們也要討論一下子宮切除手術，不過那個還不急。我會請一位醫生進來跟你談術後諮詢的事宜，他是整形外科醫生，負責你乳房切除後的重建手術。」

「如果我接受雙乳切除手術會怎麼樣？」我問那位醫師的助理，我們正在等著腫瘤科醫生帶那位整形外科醫師進來。

「這麼說好了，我這樣說可能不是很好。」他邊說邊舉起左手，攤開手掌朝上。「這是你的胸壁，」他將右手拱成帳篷的形狀「這是你的乳房組織。」接著將右手放到左手上。

「乳房切除手術後就會變成這個樣子，」他作勢讓帳篷狀的右手坍塌在左手上面，「就像少了支柱的馬戲團帳篷一樣。」

那位整形外科醫生帶著一本相簿走進診間，相簿裡的照片全是沒露臉的女性，她們滿是傷疤又變形的乳房就在我眼前，以供參考。整形外科醫生露出安慰的笑容，但是那些科學怪人般的胸部嚇壞我了。我用力闔上那本相簿。

「太可怕了。」我在回家的路上對我的先生說。

我們很快地轉診到芝加哥北區位於高地公園的一家醫院。幾個月後，一位風評很好的腫瘤外科醫師為我做了我真正需要的乳房保留（及局部乳房腫瘤切除）手術，而不是前一位腫瘤外科醫師說的雙乳切除手術。這位腫瘤外科醫師沿著我乳暈邊緣切開，接著像是推開艙門一樣掀開我的乳頭並將腫瘤從乳房組織中剝離。

這只是第一階段而已，我接著還要去看另一位腫瘤科醫師並由他評估我是否需要接受化療，這樣才能消滅任何可能殘留的癌細胞以及預防乳癌再次復發。「我推薦你去找這位腫瘤科醫師。」我的外科腫瘤醫師在我術後幾周回診時遞給我一張名片。那位腫瘤科醫師的名字很不尋常，會讓我聯想到某種珍奇異獸。

一周之後，我與先生就坐在這位腫瘤科醫師前面。他的個子不高，人很親切，我立刻對他產生好感。他的辦公桌上散落著一些水晶礦石，還有一幅病人手繪送他的畫，他在畫中被描繪成在空中飛行的超級英雄，他的首席護士就像夥伴一樣伴隨在側。

「我建議你接受化療。」他說。

那並不是我期望聽到的答案。一旦我開始掉頭髮，所有人就會知道我健康出問題了。我忍不住開始哭泣。

「你可以的。」我先生緊握著我的手說。當腫瘤科醫師開始講述化療流程時，我轉頭看一看先生的表情，他正扮演著硬漢的角色，而我開始擔心他會不會在想——我娶了個瑕疵品。

我接受了第二次手術，外科醫師在我的體內植入人工血管，我從此變成了一個生化人。我開始每周都去醫院接受靜脈注射。第二周開始，我的免疫系統崩潰了。到了第三周，我眼睜睜看著一把一把的頭髮滑落到淋浴間的排水孔。不久之後，我就完全禿了，就連陰毛也掉光了，宛如尚未進入青春期的少女。我的手指甲及腳趾甲開始變成棕色，然後從甲床脫落，這些都是化療藥物引起的副作用。我的嘴巴裡長滿了潰瘍，肛門周圍也是。我的胃開始絞痛，胃黏膜像火一樣灼燒著。還有全身骨頭痠痛。我感覺自己就要死了，看起來也像垂死之人。我已不再是從前的自己了，我已經變了，變成一個病人。

——

二〇一二年春季的某個陰天，我坐在癌症中心私人病房裡的一張藍色塑膠扶手椅上。從那面方形窗戶向外望去，是一片猶如美國中部大草原的原野，微風輕撫著，而灰色的天空，大雨欲來。靠近房門旁的天花板下掛著一台電視，菲爾醫生（Dr. Phil）正在節目上勸告某位來賓——預測未來行為的最佳依據就是過去的相關行為，鑑古能知今。我身旁的點滴架上掛著兩袋液體，正規律地發出嗶—嗶—聲響，藥液正透過一條透明的塑膠管在地面上蜿蜒著，然後消失在我身上那件藍色病服的下方。那兩袋輸液是致命的混合物，其中有從太平洋短葉紅豆杉的樹皮提煉製成的化療藥物，還有對我體內這種侵略性乳癌細胞能起效用卻極為昂貴的標靶藥，再加上大劑量的苯海拉明（Benadryl）以及用來緩解副作用的類固醇，最後是生理鹽水。不久之前，那位棕髮且帶著溫暖笑容、又帶點諷刺幽默感的中年護士已將圖釘狀的針頭固定在我左側鎖骨下方、那個經過手術植入的人工血管上，現在藥物正透過人工血管直接通往心臟動脈，為的是可以達到最佳的療效。她的脖子下方有一道橫向的疤痕，乍看之下很像是被人割喉過，不過那是她多年前接受甲狀腺癌手術並抗癌成功的戰果。

電視裡的菲爾醫生正在提供免費的勒戒治療給那位來賓，而我正在回想今天是星期幾。星期一？星期二？還是星期五？最近幾周以來，我開始出現嚴重的「化療腦霧」（chemo fog）症狀——也就是化療引起的認知障礙與失憶的術語。這腦霧症狀籠罩著我的大腦，我幾乎難以思考。我小心地移動身體，以免扯斷點滴的管線，我轉過椅子想問我先生今天是星期幾。房間沒有人，我這才想起來，他去出差了。巴西？中國？俄羅斯？我記不得他出差多久。菲爾醫生的來賓答應接受勒戒治療，現場觀眾報以熱烈的掌聲。**說不定我根本沒結婚，說不定我是因為吃了太多藥，才產生這樣的幻覺。**我舉起左手，無名指上戴著一枚白金戒指，梯形戒台上鑲著一顆圓形的鑽石，那是我的訂婚戒指。另一枚鑲鑽的鉑金戒指則是我的結婚戒指。我沒有瘋——還沒有。

我將頭靠在椅背上，苯海拉明的藥效發作時會有一種輕柔的拉扯感，就好像一隻章魚的觸腕纏在我的腳踝上，漸漸地將我拖進水裡。我放棄抵抗了，隨它去吧，然後感覺自己在慢慢地陷入一片虛無。

我昏過去一陣子才又醒了過來，點滴還在持續發出嗶—嗶—聲響。我想尿尿，但又不想按呼叫鈴讓護士來幫我走去走廊盡頭的廁所，我不想像個孩子一樣麻煩護士處理我的生理需求。其他病人都躺在房裡生悶氣，不然就是對護士大吼大叫，一有症狀就哭天喊地。我不會這樣。我是完美病人，假如罹癌是一場比賽，那我正在遙遙領先。我面露猙獰地將雙腿擺到床邊，那條五彩繽紛的鉤針毛毯順勢滑落到地面上，那是住在附近療養院的某位老太太（我猜沒有很多老先生喜歡鉤針編織）為我這種罹癌的倒楣鬼織的。我撐起身體後有些搖搖晃晃，接著穩住重心。

我抓住點滴架並開始拖著腳步走向門口，走廊上空無一人。我繼續往洗手間移動，點滴架在我身後就像繫著繩子的狗。我專注地盯著地板，希望腳上的防滑襪別讓我跌個四腳朝天。一般來說，我會避免窺探其他病房裡的病人，不過當我抵達走廊盡頭時，我卻忍不住看了。對面那間病房的門正半掩著，裡面躺著一位看起來相當年邁的老婦人，她閉著雙眼，不曾醒來過。她的白髮攤在枕頭上就像一團白雲似的，細瘦手臂交疊在瘦骨嶙峋的胸口上，而她的嘴巴是張開的。就她而言，這裡不是人生道路中的休息站，而是她的終點站。不管怎麼樣，我都不想變得跟她一樣。

我關上浴室的門並靠在洗手台上，試著喘一口氣。鏡子裡的那個女人正盯著我看。她的眼窩凹陷好像燒焦的洞，皮膚泛黃，還有一張月亮臉。她扯下頭上那頂橘色羊毛帽，露出光禿的頭顱。也難怪人們對她避之唯恐不及，她就是冥界的幽靈。

我坐在冷冰冰的馬桶上，內心對我的先生感到抱歉。他以為娶到的是我，結果卻是鏡中那個瘋婆子。我已經感覺到他在漸漸地離我而去，撤退到一個我無法觸及的內心世界。他看到我穿上婚紗時曾說，「你就是十分硬幣。（意思是說我是他心中的滿分。）」我閉上雙眼，將手肘靠在大腿上並將臉埋進雙手裡。自從我開始接受化療之後，我們就再也沒有做愛了。我右乳在重建手術之後比左邊小，胸口那人造血管的突起既突兀又難看。化療也讓我提前進入更年期，我的身體不是什麼夢幻天地，只是個廢棄物處理場。

我回到治療室後就睡著了。突然有人敲門的聲音讓我從藥物引起的瞌睡中驚醒，接著一個男人推開門走進來。他是另一位腫瘤科醫生，不是我的主治醫生。我的主治醫生正在參加一場癌症醫學研討會。他在我的授意下將我的癌症案例以及他打賭可以把我治好的治療方案介紹給一屋子的癌症專家。那位「不是我的主治醫生」的腫瘤科醫生年紀很輕，總是帶著一種驕傲又趾高氣揚的步伐在化療中心的走廊上走著。我不喜歡他。

「布雷斯林女士！」那位不是我的主治醫生喊了一聲。

「是的，我是。」我邊說邊拉起被單蓋住自己。

「我今天帶了幾位住院醫生過來，」他說，「我非常樂意跟他們分享你的病例。」他身體微微前傾鞠了個躬。經過多次的門診、化驗及探查，我開始清楚地認知到自己在這些醫生眼中不僅僅是「又一個癌症病人」而已，對這些腫瘤科醫生來說，我根本就是個神奇的醫學樣本。

「好吧，我想，好的，沒問題。」我回答，感覺自己已經被逼到牆角了。

那些住院醫生開始擠入病房並在我的床邊繞成一個半圓。那位不是我的主治醫生的醫生將我的病歷拿在手中，接著開始快速講述我的癌症病史，那種語氣讓我聯想到癌症腫瘤聯誼網站上的自我介紹：嗨，我是一顆剛恢復單身又極惡性的腫瘤。雌激素／黃體素（ER/PR）陰性，人類表皮生長因子受體二型三陽（HER2+++），正在尋找完美的對象，一位願意在胸部為我騰出空間的女性。請點擊聯繫！

那群住院醫生們看著我的眼神帶著一種熟悉感，我感覺自己好像又再次被當作研究對象了。這間醫院病房成了實驗室，而這些醫生是則是那些研究者，而我是他們的研究對象。自從布洛克計畫在一九九九年結束之後，我其實鮮少回想起那些過往。不過在二〇一〇年二月的某個早晨，當時我還住在維吉尼亞，我在網路上閱讀《紐約時報》時不禁被一則標題吸引了目光：

> 訃聞：傑克·布洛克，幼兒至成年發展的研究者，享壽85歲

我也是那些幼兒中的一員啊，我心想。訃聞中表示傑克是因為十年前脊椎受傷所引發的併發症去世。

病房的門關上了，訪客都已離去。電視上，那位肥皂劇女演員正情緒激動地向一名年輕男子坦白，她其實並不是他的阿姨，而是他以為早就過世的親生母親。布洛克夫婦當年肯定沒料到眼前的景象——我、醫院以及那顆曾經存在於我體內的腫瘤。然而，我不禁要想，他們究竟在我身上看見什麼樣的未來？

九月的時候，化療已經結束，我的狀況也開始好轉了。腦霧的情形獲得改善，頭皮上也長出像桃子絨毛似的軟髮，而化療藥引起的骨頭疼痛也好轉了。然而，整個療程還沒有結束。等著我的還有為期六個月的基因標靶藥靜脈注射，以及六周的放射治療。

某個周一早上，我前去放射治療中心接受治療，那天一早就已經有六個人在等待接受放射線治療。我在更衣室換上一件寬大的藍色病袍，換好之後就走到候診室坐著。為了打發時間，我在腦海中猜測其他幾個人應該是罹患哪種癌症。那個穿著卡其褲又開始掉頭髮的男人應該是前列腺癌，我猜；另一個穿著家居服的六十多歲女人應該是肺癌，我推論；然後一隻眼睛戴著眼罩的修女，八九不離十是腦癌。我是這個候診室間中最年輕的病患，就像我之前去過的所有候診間一樣，這可不是什麼好事。

「蘇珊娜……布雷斯林？」

我跟著這個女人穿過走廊並走進一個房間，中央擺放著一台大型儀器，看起來很像是一台巨大的顯微鏡。房間裡的另一面牆上正在發出柔和的光線，牆上投影著一座虛擬花園——樹木扶疏、花朵盛開，還有一面平靜的池塘。有點像是種癌症病友劇場的感覺，主要的設計理念就是讓來這裡接受放射治療的病人可以放鬆心情。我解開病袍並仰躺在這台機器的床台上。那台機器的眼睛就懸掛在我的正上方，然後技師就離開了。機器啟動後，綠色的雷射光在我胸前形成十字瞄準線，接著機器就開始在我身邊旋轉，旋轉的聲音，接著嗡嗡響又發出嗶嗶聲，放射治療開始了。

我閉上雙眼並開始思索，想著儘管他們從我身上割除那麼多塊肉，儘管做了無數的檢查，儘管醫生們對我的乳房進行了無數次詳細的化驗，卻始終沒有人能告訴我，到底為什麼會出現那顆腫瘤。可能是因為我以前吃過避孕藥，也可能是長年抽菸，也可能是壓力導致？眼前這台機器既不吃避孕藥、不抽菸、沒有壓力，也不會做出錯誤的人生選擇，只是繼續朝著我右乳發射光子束。

「腫瘤其實跟胎兒很像，」我去放射治療的前幾周曾去找過一位針灸師傅，她在擁擠的二樓診間裡這樣對我說：「都是快速增生的成團細胞。」說完又在我的肚子上扎了一針，藉此強調她的論點。

我當時想著自己懷的不是人類寶寶，而是腫瘤寶寶。我想像自己躺在手術台上，我的外科醫生拿著不鏽鋼鉗子從曾經是我右側乳頭位置的洞口插入，接著夾出那團惡性腫瘤並高舉到手術燈下看著。腫瘤寶寶細小的手腳正在無助地晃動著，沒有五官的表面裂開一道縫，鮮血開始汩汩流著。接著醫生將腫瘤寶寶扔到一個不鏽鋼托盤裡，落下時發出「啪」的一聲。

我所經歷的這一連串事件或許在很久以前就已注定了，ＤＮＡ螺旋中一段錯誤指令導致製造過程中出現差錯，因此讓生理機能無法正常運作，就像一台保固期才剛過就故障的果汁機。根據我的腫瘤科醫生的說詞，我罹患的這種乳癌最有可能在兩年內復發。如果我能撐過五年，那我就真的算痊癒了。

布洛克計畫再次浮現在我的腦海中。布洛克夫婦不可能預測到我會罹患乳癌，但是他們曾經預測過我將來會成為怎麼樣的大人。他們肯定保留了那整批孩子的檔案，裡面記載著我們各別的個資及研究數據，而那些檔案則裝載著我們的人生故事。也許在加州大學柏克萊分校某棟建築中灰塵密布的儲藏室裡，可以找到一個寫著我名字的資料夾，而我要做的就是去找出這個資料夾。

儘管我當了這麼多年的研究對象，但是我卻不怎麼了解他們，也不知道他們在這三十年的研究中得出了什麼樣的結論。如果我們研究一個孩子，那我們就真的可以預測那個孩子將來會變成什麼樣的人嗎？他們有準確預測出我會成為什麼樣的人嗎？其他那些參與研究的孩子們，也就是那個研究群體，大家後來都怎麼了？他們現在在哪裡？我腦中的記者魂開始運轉了。這是一個我可以報導的故事題材，而且跟我以前寫過的任何題材都不一樣，因為這次，我會成為自己筆下故事的主角。身為研究對象的我而言，我的角色一直很明確——我是回答問題的那個人。然而，這一次，角色將會反轉——我要當提問的那個人。

開車回家的路上，我跟著收音機唱著樂團芙蘿倫絲機進分子（Florence and the Machine）的《苦日子已經過去》（*Dog Days Are Over*）。總有一天，這段人生經歷終將成為過往雲煙，就像從惡夢中醒來，或是將爛透了的日子遺忘。我的頭髮會重新長回來，乳頭周圍的疤痕以及拆除人工血管所留下的疤痕（外科醫生在我完成化療之後就拆掉了）都會逐漸淡去，而我的婚姻也將熬過這段最慘痛的經歷。

Chapter 5

婚姻裡都藏著謊言。有些人為了維繫婚姻會說些小謊，甚至大謊，也會為了迎合對方的需求改變自己，或是帶上一張隱藏真實自我的面具。這種改變時慢時快，有的是當下立刻發生，有的是醞釀許久才出現；有時無聲無息，心照不宣。婚姻到了某個階段就成了一段虛構的故事。有些人會出軌，但那只是出差時的意亂情迷，所以算不得什麼；有人會在 Facebook 上和高中前男友傳曖昧訊息，不過網路世界是虛擬的，所以沒關係；有些人選擇閉上嘴巴，也有人口是心非；有些人在電腦裡開了名為工作、稅務或雜七雜八的資料夾，其實裡面藏著一堆色情片，然後與這些片子的內容建立起某種可以說是浪漫的親密關係；也有些人在自慰時滿腦子想著的是那個在超市裡一面之緣的消防員。

有的時候，當我們攬鏡自照時會發現自己的輪廓已經開始變得模糊，越來越看不清楚自己，彷彿只看得到殘影。有的時候，那個過去的自我只會在某些特定時刻浮現——像是當我們在翻著很多年沒穿又掛在衣櫃深處的舊衣服時，像是當我們打開裝滿舊照片的盒子時，又像是當我們巧遇一位過去曾經熟悉的陌生人時。人們總以為那個謊言是對丈夫、妻子、伴侶或情人所說過與沒說過的話，就像那輛栓著你的馬車，或是那顆鍊住你的鐵球。然而，事實上，那個謊言就是我們自己。只因為我們早已不再是過去的自己了。

我的先生在我們這段關係的初期曾讓我神魂顛倒，他總是對我瘋狂示愛，拿出 Tiffany 的藍盒子當禮物討我歡心，而且經常告訴我，他只對一件事情感到遺憾，就是對於我們的「相見恨晚」。然而，就在我確診乳癌的三周後，也就是新婚不到一個月時，他內心的另一面就顯露出來了，我們的生活也隨之改變。

某天晚上，我們開車去北部拜訪我先生的朋友，一起在朋友家共進晚餐。飯後，我先生和他的朋友挪到後院喝威士忌，因為兩人都喝了酒，時間也晚了，我們便決定在那朋友家留宿。我與那朋友的太太坐在客廳的沙發上閒聊，直到將近午夜，我便先回客房準備就寢，接著鑽進那張藍綠格紋的法蘭絨被窩裡。凌晨時分，我聽見房門打開的聲音就醒了。

我丈夫站在門口，走廊上的光線打在他的背上。他步履蹣跚地邊走邊脫衣服，最後只剩下一件四角內褲並吃力地爬上床。他在微弱光線中爬到我的身上，四肢撐著身體，俯視著我。

「信不信我他媽的打死你。」他滿腔酒氣地對我說。我全身僵住，躺在他的身體下方，一動也不敢動，我不知道他接下來會做什麼事情。「信不信我他媽的打死你。」他又說了一遍。

他接著就從我身上滾開，沒過幾分鐘後就開始打呼。

隔天一早，我先睡醒，我看他睡得很安穩。

「你記得你昨晚說了什麼嗎？」他醒來後帶著宿醉，對昨晚的事情隻字未提。

「不記得，我說了什麼？」

「你說要打死我。」

「我才沒有。」他聲稱完全不記得這件事。

我們開車回家的路上，我一路望著窗外。我告訴自己，他喝醉了，那不可能是他會做的事。我決定將這令人不安的事件歸咎於酒後失態。

老實說，我的白馬王子其實更像是雙重人格的「化身博士」（Dr. Jekyll and Mr.

Hyde）。我有時候覺得他體貼又周到，有時又覺得他控制欲及占有欲極強。他每天早上會提著公事包搭火車通勤上班，家中的書房牆上掛著三張裱框的大學畢業證書。假如他在路上看見有人的車胎破了，他就會下車幫忙修理。他的暴脾氣也是一觸即發，還有一種我覺得想要營造硬漢形象的病態執念。某個周六早上，我們開車去好市多採買，途中塞車不斷就差點讓他失控路怒。他認定不合理的帳單會讓他耿耿於懷。此外，他個性剛烈，咄咄逼人，有時候連我都會怕他。

身為一名記者，我在從業過程中接觸過許多這種所謂的「支配型的強勢男性」（alpha males），這種人在色情產業裡多的是。他們穿著有毒的男性氣概盔甲來掩飾內心的不安，也藉此操弄他人來獲得主控權。我認識我先生時便知道他是這樣的強勢硬漢，而這也正是我當初會嫁給他的原因之一。他讓我覺得很有安全感，我覺得自己備受保護。除此之外，我當時也認為他不會真的做出什麼傷害我的事情。

我在接受乳癌治療的期間，他建議我不要工作了，所以我減少自由接案的工作量。他想要我將注意力都放在他的身上。我覺得自己罹患乳癌這件事打亂了我們的婚姻生活，心裡有所愧疚，因此我努力滿足那些自以為他想要的事情。我洗衣做飯，甚至跪著擦拭他在馬桶邊留下的髒汙，直到馬桶再次閃閃發亮。為了討他歡心，我放棄了部分的自己。

「佛羅里達？」

「對。佛羅里達。」

某天他下班回家時告訴我，一家位在佛羅里達州西南部的公司想聘用他，薪資豐厚，升遷機會好，會讓他的職涯向上跨一大步。

「我從沒去過佛羅里達。」我對他說。

「我以前會跟爺爺奶奶一起去那裡過暑假，」他說，「那裡的海灘非常美，天氣也非常棒，跟這裡完全不一樣。」

我望著流理台後方的窗戶。我的抗癌治療已經在春天告一段落了。如今，一片片的雪花正在玻璃窗外飄落。我先生每天早上都要在前門鏟出一條通道，接著再一路鏟到巷口，這樣他才有辦法將車開出去。氣象預報說明天的氣溫會低到華氏十幾度。對我這種來自加州的人來說，住在伊利諾州就像住在西伯利亞一樣。除此之外，搬去佛羅里達也是讓我們重新開始的好機會。

時間到了四月，搬家公司將我們的家具及紙箱搬走，我們則是將剩下的東西搬上車，接著驅車向南。可可在後座躺在她的床上喘著氣，玩具散落在她的身邊。（我們讓重病的傑克安樂死了。）眼前中西部的田野漸漸變成起伏的南方山丘。兩天之後，我們跨過喬治亞與佛羅里達州的邊界，「歡迎來到佛羅里達」的招牌就在眼前。

「你知道佛羅里達的綽號是什麼嗎？」當我們駛過州際公路時，我先生笑著問我。「上帝的接待室。」人們是來這裡等死的。

——

我們落腳在佛羅里達州西南部一個安靜的海濱小鎮，颶風很少在此登陸，上百萬美元的豪宅可以俯視潔白無瑕的沙灘及墨西哥灣寧靜的蔚藍海水，來自北部各個地方的退休人士每天都靠高爾夫球與匹克球打發時間。我們一開始的幾個月是先住在先生公司租的一間兩房公寓，後來到了聖誕節的前幾天，我們就搬進了我人生中第一棟自己的房子——那是位在某個社區主要彎道上的黃色地中海風獨棟房子，入口有警衛且規劃完善。前面是一片修剪整齊的聖奧古斯丁草坪，後院有游泳池，還可以眺望一座人工湖。

「晚上見。」我親了先生一下，送他出門。我站在門廊下望著他的車在街角轉彎後消失。我看著眼前的街道，完全沒有車，也沒有路人。眼前的所有房子都看起來一模一樣，讓我不禁想起《楚門的世界》，那部金・凱瑞主演的一九九八年電影。電影講述楚門・伯班（Truman Burbank）在母親受孕開始的每一刻都在直播給全球觀眾看他的生活，而他卻從來不知道自己所認識的每一個人都是演員，包括他的妻子。

我回到主臥室脫下身上的桃紅色T恤及灰色尼龍運動短褲，走進更衣間並拿出黑色的比基尼換上。我從臥室走出來，赤腳踏過石灰岩地板，再穿過廚房及客廳。我在客廳盡頭推開通往游泳池的滑門之後又立刻關上門，以免可可溜出去。我將浴巾扔在椅子上，然後踏著泳池的階梯下水，浸泡入池，以狗爬式游到水深的另一邊，開始往下潛。我在泳池底部抬頭仰望，此時陽光穿透水面，光束灑入水中。我心想，假如我張嘴吸水會發生什麼事？我的肺應該會像要爆炸一樣，接著一片昏暗。我的身體終會浮上水面，然後我先生晚上下班回家時就會發現。接著我從池底向上一蹬，衝出水面並大口喘著。

我從池邊撐住身體離開水面並攤倒在露台上，氣喘吁吁。我得到過去那些自以為想要的一切，但是我並不快樂。最終，我活在一個替代的現實中，過著別人的生活。我的事業已經停擺，已經很久沒有寫出什麼有意義的文字。為了討丈夫歡心而選擇退讓，為了他的職涯跑來佛羅里達這個舉目無親的地方。我是他人生故事的一個配角。難道就這樣了嗎？我哽咽地說著。難道這就是我的人生故事嗎？

我躺在那裡時突然想到，假如陷入這種處境是我自己的問題，那麼如何將自己解救出來也只能是我自己的問題了。

我坐起身來，擦掉鼻涕並拿毛巾擦乾眼淚，睫毛膏在臉上抹得亂七八糟。我脫下身上濕透的比基尼，不在乎鄰居會不會看到。接著全身赤裸走進屋裡，並在臥室換上乾淨的T恤、內褲及短褲。該是時候了，可惡。

該是時候來撰寫自己的故事了。我占據臥室的起居空間作為自己的居家辦公室，接著坐在書桌前，打開電腦上的谷歌首頁，輸入「布洛克計畫」（Block Project），點擊「搜尋」。

成千上萬筆搜尋結果迅速在電腦螢幕上展開，其中有已發表的學術論文，像是〈幼兒園時期的人格及二十年後的政治傾向〉（Nursery School Personality and Political Orientation Two Decades Later）、〈前瞻性研究：兒童面對父母即將離異前的人格特質〉（The Personality of Children Prior to Divorce: A Prospective Study）、〈縱貫性探究：青少年藥物使用與心理健康〉（Adolescent Drug Use and Psychological Health. A Longitudinal Inquiry），還有無數篇新聞報導，像是〈長大後的藥物使用可在幼年時期窺知一二〉（Early Childhood May Offer Clues of Future Drug Use）、〈孩子們沒問題：離婚與兒童行為問題〉（The Kids Are OK: Divorce and Children's Behavior Problems）、〈愛哭包長大後是保守分子？〉（Were Conservatives Whiny Children?）；也有許多訃聞——〈人類發展研究權威傑克·布洛克逝世〉、〈研究心理學家珍妮·布洛克逝世〉、〈長期追蹤研究兒童發展的心理學家傑克·布洛克離世，享壽85歲〉，還有維基百科上關於傑克·布洛克的傳記條目中寫道，「其最著名的研究成果是與妻子共同進行的一項縱貫性研究，該研究追蹤超過一百名在舊金山灣區成長的幼兒」，而關於珍妮·布洛克的自傳條目則寫道，「她研究性別角色社會化並與丈夫傑克·布洛克共同建立以個人為中心的人格理論框架」，以及兒童研究中心是「全美歷史最悠久並持續運作至今的兒童研究機構之一」；還有傑克跟珍妮、以及那間幼兒園的照片。

我突然想到，究竟是自己從來就不知道研究的真正名稱，還是壓根就忘記了？我在谷歌上搜尋「布洛克縱貫性研究／1969年至1999年」，搜尋結果出現的連結是哈佛大學定量社會科學研究所（Institute for Quantitative Social Science）之下的亨利．A．莫瑞研究檔案庫（Henry A. Murray Research Archive），那是一個專門保存量化與質性研究資料的贊助檔案庫。莫瑞研究檔案庫保存了與布洛克計畫的相關資料，而這些檔案已經數位化並上傳到密碼保護的網站上。我點進關於我們那項研究的檔案頁面，接著點開其中一個檔案夾，絲毫沒有動靜。我注意到該頁面上出現一個小小的酒紅色鎖標，這個檔案夾是鎖著的。

我在進一步查詢後發現莫瑞曾是哈佛大學的知名心理學家，同時也是哈佛心理學系的主任，人格研究是他的興趣及專長。他曾在第二次世界大戰期間離開哈佛並成為戰略情報局的中校軍官，戰略情報局是中央情報局的前身。莫瑞在戰略情報局服役期間曾經協助撰寫一份關於希特勒的人格剖析報告，該報告預測這位納粹黨主席會選擇自殺，而不會向敵人投降，也推測希特勒性無能，甚至應該是同性戀。

莫瑞退役之後又回到哈佛大學，接著展開一項為期三年的研究，對象是二十二名哈佛大學的男大學生，其中年紀最小的是年僅十七歲的狄奧多．約翰．卡辛斯基（Theodore John Kaczynski），也就是後來成為「大學航空炸彈客」（Unabomber）的泰德．卡辛斯基。這二十二名學生被迫接受極端壓力測試，莫瑞在多年後才坦承那些測試「激烈又極端，而且充滿個人暴力」。曾有篇文章懷疑莫瑞的這項研究是美國中央情報局那惡名昭彰的「MKUltra 人類思想控制試驗計畫」的一部分。該試驗計畫是一項涉及人體實驗的「心智控制」計畫，包括在當事人不知情的情況下，讓中情局的特工、囚犯、精神病患、妓女以及吸毒者服用麥角酸二乙醯胺（Lysergic Acid Diethylamide，俗稱ＬＳＤ迷幻藥）。究竟是卡辛斯基被當成人體實驗白老鼠的那段經歷將他轉變成三死二十多傷的恐怖炸彈客？或者那本來就是他命中注定會做的事？

我看了一下時間，已經過了三小時。不過就在鍵盤上點了幾下，我就被帶進一個陌生的新世界——研究人員是像神一般的存在，學生則是白老鼠，而對科學探索的追尋遠比研究對象的人性更加重要。

我曾經參與的研究其實有個專有名詞，就是人體試驗研究（human subject research）。布洛克計劃及其在我個人心理發展所扮演的角色是我過去很少思考，也幾乎沒有加以進行精神分析的事情。然而，這一切即將改變。

當天晚上，我先生進房關了燈並悄悄爬上我們那張特大號的床。他向我貼近並將手臂搭在我的上半身，這就是他以為的前戲。他趴在我身上並進入我的體內，接著將我的小腿掛在他的肩膀上並用雙手壓住我的大腿，然後開始機械般地進進出出。我被壓制在下幾乎動彈不得，而那似乎就是他的目的。對他而言，一動也不動就是我的最佳狀態。

結束之後，我看著天花板上的風扇在那悠悠打轉，我先生躺在我身旁打呼。在剛認識到結婚的那段短暫時間裡，我們曾經討論過要不要生小孩。當時因為我們的年紀都不小了，所以決定領養就好，而且最好是年紀大一點的孩子。不過，後來我被診斷出乳癌。不，重來，我換個說詞——我懷上了那個腫瘤寶寶。我在認識我先生之前曾經和多個性伴侶發生過無數次不安全的性行為，但是我從不曾懷孕過，連一次都沒有。某次我雙腳踏著腳蹬，婦科醫生的頭正埋在我的雙腿之間並拿著某種我看不見的不鏽鋼醫療器械伸進我的體內時，她說「你的子宮頸非常緊！」我的子宮就像一座有城門的堡壘，攻不可破又無法受孕。腫瘤寶寶卻有辦法另尋生路。

三年前那個寒風刺骨的二月天，外科醫生將那個腫瘤寶寶像是其他需要被銷毀的人體組織一樣處理掉了，不管是截肢斷臂、抽出人體的脂肪或是罹病的器官，通通丟進醫院的垃圾桶之中。我閉上眼睛幻想著另一種情境——那天晚上，當醫生將腫瘤寶寶從我體內取出之後，一個蒙面男子悄悄地潛入醫院，躡手躡腳地溜進手術室並從廢棄箱中偷偷地將寶寶撿了出來。他拿出毛毯包裹腫瘤寶寶並緊緊地夾在腋下帶回家。隔天，他將寶寶送到一間專門收容腫瘤寶寶的孤兒院。幾個月之後，一對打算收養腫瘤孩子的夫婦來到這間孤兒院。他們第一眼看到腫瘤寶寶時就知道那是他們要帶回家的孩子，所以現在我知道腫瘤寶寶應該正幸福地生活在那個永遠屬於它的家，就像ＩＧ上那些從動物收容所被救出來的流浪狗一樣。

我翻身側躺著，伸直手臂將手掌貼在先生的側身。他動了一下，但是沒有翻過身。我又使勁推了一下，他在睡夢中喃喃地說了幾句含糊不清的話，然後他翻過身側躺背對著我，那正是我希望的結果。他的鼾聲漸漸變小了。

我朝另一邊翻身背對著他。這麼多年來，我一直在撰寫性議題相關的文章，而性的其中一個目的就是繁衍後代，然而除了那個腫瘤寶寶之外，我卻什麼也沒有繁衍出來。我在二十多歲的時候並不想要孩子，我母親那種「我再也不想當母親了」的教養方式讓我覺得養育孩子就是人生的絆腳石。三十多歲之後，我的想法變了，我想要孩子。那時候身邊的朋友們都有孩子了，而且他們愛自己的孩子勝過一切，有時甚至勝過他們的配偶。後來，我的丈夫出現了，我們似乎也打算收養一個孩子，男女皆可，我不在乎，不管什麼樣的孩子都可以，結果卻只出現了腫瘤寶寶。我很難怨恨那個腫瘤寶寶，畢竟他也只是做了所有寶寶都會做的事情——努力生長並試著活下來。

如今，膝下無子，沒有孩子得以撫養，沒有可以擁抱、責備或按照自己形象去塑造的下一代，我知道自己必須回歸到寫作之中。除了為先生洗衣煮飯之外，如果我再不做點什麼其他的事情，我擔心自己真的會像那天一樣在泳池底部出現自殘的衝動。

那天晚上先生下班回家後，我告訴他自己上網搜尋關於布洛克計畫的資料。他聽了之後似乎鬆了一口氣，因為我終於開始撰寫性愛以外的主題了。這種模式我實在是太熟悉了。男人一開始和我交往時都會覺得我以性愛為書寫主題是很酷的事情，但是久而久之，他們的態度就開始變了，他們會變得……忌妒，我想沒有更貼切的用字了。感覺我好像背著他們在偷吃一樣，但是我沒有。性愛只是我的報導領域罷了。然而，也許今天換作是我，舉例來說，我應該也不希望自己的妻子跑去色情片場和一個擁有巨根的男優混在一起聊天。我應該也會希望她去報導別的主題，什麼都好——像是園藝，或是如何在三十分鐘內讓美味的千層麵上桌，又或者是某個她曾參與其中的人格研究計畫。一隻老鼠正在臥室牆壁內亂竄，我打算要叫滅鼠公司來家裡，讓他們封死屋瓦下的出入口。那些鼠輩會從棕櫚樹梢跳上屋頂，然後爬進閣樓。一旦這些老鼠進來了，那要趕走牠們就很難了。

布洛克計畫完全與腥羶色無關，簡直就是養老院的狂歡派對一樣，就像跟香草口味一樣平淡又乏味。這種人類實驗室的故事，儘管非比尋常，卻是可以在晚宴上談論的話題，完全不會冒犯先生公司主管的妻子們。這些女人不工作，生活就是忙著滿足他人的需求，不管是做美甲、當委員會主席或是致力拯救海龜。她們當然也有性生活，只是她們表面上是不會談論這些事情的。更重要的是，當她們得知某位主管的太太是性愛專題作家時，她們不會喜歡自己先生得知後的表情。此時，頂上的老鼠正在橫越閣樓的地板。

也許該是翻篇的時候了。我可以讓色情書寫的事情成為過去，再也不寫任何與性愛有關的故事，不再踏進任何色情片場。我不再是個插科打諢的記者，報導的盡是腥羶色的題材。我將成為一名真正的報導記者。關於布洛克計畫的報導將會是我贏得世人尊敬的門票，我不禁打了個哈欠。

熟睡的先生在喃喃說著夢話。想要捨棄並讓過去留在過去並不是一件容易的事。他在平板電腦上玩的那款電動遊戲中，他的虛擬角色是一輛喧鬧穿越虛擬鄉間的軍用坦克，炮口瞄準著地平線尋找獵物。我漸漸進入夢鄉，忘卻一切。

—

某個夏末早晨，濕氣悄然來臨，踏出門外就立刻像是裹著一張厚重的羊毛毯，而所有那些春夏待在北部、秋冬前來佛羅里達的「候鳥」們也早已返北。街道空蕩蕩毫無人跡，海邊餐廳也已休業過冬。我打開收件匣並發現一封來自莫瑞研究檔案館的電子郵件。

我在收藏該研究檔案的網站提交申請，希望可以查閱布洛克計畫的檔案。我在申請書中表明自己是一名記者，正在針對該計畫進行研究，而且我本人也曾是布洛克計畫中的研究對象之一。打從送出申請之後，我心裡始終覺得不安。該檔案館保存好幾項重要的長期研究資料，對於保護研究對象的隱私也設有嚴格的規定。假如檔案館管理員認為我查閱與自己相關的資料是在侵犯我自己的隱私呢？我不確定這種假設是否成立。

我點開那封郵件，信中給了一組密碼。太好了！我舉起拳頭在空中揮舞著。事情終於有所進展了。我接著打開布洛克計畫的頁面並輸入那組密碼。

我點開一個資料夾後，再點開第二個資料夾，然後再點開第三個資料夾。每個資料夾裡都有數十份、甚至上百份檔案。粗略估算大概有上千份文件，甚至更多。我根本不知道該從哪裡開始，只好隨機點開一個檔案，再點開另一個，又再點開一個。檔案中有些我有印象曾經參與過的訪談記錄以及測試提綱，也有很多我不懂的縮寫用字，以及一些看不懂的圖表與算不明白的數學統計數字。不用多久，我就淹沒在這些數據檔案之中。

這一幕與我一直以來的想像截然不同。我以為自己只要點開檔案，那個關於我的故事就會在眼前展開。然而，實際上那根本也算不上是一個故事，而是一堆資料檔案。有些格式已經過時，有些根本打不開。我覺得自己好像考古學家一樣在古墓中舉著火把，看著牆壁上那些早已絕跡又無法破譯的古老文字。

根據該檔案館的說法，我們的資料內容都已經去識別化了。如果有人想要查閱這些資料，不管是研究人員、撰寫論文的學生或是記者，經過申請就可以瀏覽這些檔案，不過在查閱的過程中是無法識別出資料檔案中的受試者身分。其姓名及其他可供識別身分的資訊都已經被移除了。這就是研究人員在與同領域其他研究者共享原始資料時，保護研究對象隱私的方式。不過我也是研究對象的一員。基於某種直覺，我繼續點擊著資料。一點一點地，我開始識別出關於自己的蛛絲馬跡，以及那些屬於我過去人生的片段。過了幾個小時之後，我便在這些資料中找到了自己。不僅如此，我發現布洛克夫婦在研究開始時就給我們每個人安排了一個三位數的代號，目的就是要隱藏我們的真實身分。善用自身多年報導記者的實戰經驗與技巧，我成功推敲出了我的代號。我是七五八。

檔案館對任何侵犯我們隱私的可能行為都提高戒備是有充分理由的。多年前，莫瑞檔案館曾經保存一份關於卡辛斯基的研究資料，結果他在莫瑞研究計畫中的代號「Lawful」被人識破，甚至披露給媒體。從那之後，該檔案館便移除了卡辛斯基的相關檔案，以免又有人存取。至於卡辛斯基本人則是拒絕談論自己作為莫瑞心理實驗白老鼠的經歷。如今，他被關在科羅拉多州佛羅倫斯附近弗里蒙特郡的美國行政最高設施監獄，編號04475-046，關押在「炸彈客之列」（Bombers Row）的一間牢房中，那裡曾關過奧克拉荷馬市爆炸案的蒂莫西・麥克維（Timothy McVeigh）與特里・尼古拉斯（Terry Nichols）、一九九三年世貿中心爆炸案的拉姆齊・尤塞夫（Ramzi Yousef）以及九〇年代奧林匹克公園爆炸案的主嫌埃里克．魯道夫（Eric Rudolph）。

搞不好我之後會寫信給他，我盤算著。實驗室白老鼠之間的交流。看看我有沒有辦法讓他開口談論那些年活在莫瑞顯微鏡下的經歷。說不定他會回信，我們就會變成筆友——我與那位連環殺手。

我看了一下時間，我先生隨時都有可能到家。我登出檔案館並關掉電腦，該是準備晚餐的時候了。我走進廚房，從冰箱拿出他喜歡的雞肉蘋果香腸。原來我一直擁有另一個不自知的身分。我是七五八，「她」，究竟是誰？

我拿著叉子戳著平底鍋裡的雞肉蘋果香腸，滋滋作響。或許就是莫瑞的研究將卡辛斯基逼瘋了。檔案館致力於保護研究對象的隱私，但是參與研究本身就意味著放棄隱私。打從我人生的第一章開始，我的人生就是攤開的一本書。那些研究我的人會在我的體內翻找，就像孩子們在玩的外科手術遊戲一樣，我們必須小心翼翼地取出身體器官，不然就會被電到。當他人在我們的身體內部挖掘探索時，儘管他們有著正當的理由，也難免會讓我們變得焦躁不安，也會讓我們在某種程度上出現解離。也許我真的瘋了，也許保有一些隱私比較好，也許我們就是得為自己保有部分的自己。

我一邊撕著生菜丟進塑膠沙拉盆中，一邊看著自己正在顫抖的雙手。我得先讓自己暫時分心想想別的事情，這樣的情緒會對寫作造成阻礙。我必須保持客觀，就像以前學過要保持「無所不在」的記者視角，就算我本人就是故事的主角。車庫的自動門開始嘎嘎作響，他到家了。

——

「我真的很想揍你，賤人！」我先生咬牙切齒地說著，我們還站在車庫裡，打開的車庫門就在不遠處。他高舉著右拳在我臉邊揮舞，五官在憤怒中猙獰著。他的雙眼漆黑，身上那件藍色尼龍運動衫緊貼著他剛才在健身房鍛鍊好幾個小時而成的肌肉——厚實的斜方肌、結實的三角肌以及腫脹的二頭肌。

如果他真的出手打我，我應該就死定了。我從他左肩望著後面的車道、信箱以及街道。那是個平凡的八月天。假如碰巧有鄰居路過並目睹這場由真人演出的失控家庭劇該怎麼辦？那我們就違反了郊區生活的首要規則——自家問題就他媽的把門關好。「他們看起來明明就很恩愛啊！」當晚鄰居先生就會與妻子一邊吃著他親手在戶外烤爐上烤的完美的牛排，一邊八卦著。

「我到底做了什麼了？」我腦中百思不得其解，自己到底是做了什麼讓他這麼氣憤。我們剛才正在遛狗，然後我說了句惹他不高興的話，但是我想不起來是哪句話說錯了。本來都好好的，下一秒就突然變調了。這正是我在婚姻中一直不願意面對的謊言——從他在伊利諾州時對我說信不信他會打死我的那次開始。嫁給他就像困在一台無人駕駛的汽車中，即使車子看似平穩地行駛著，我也得竭盡心力地禱告這輛車不會忽然暴衝到懸崖邊上。

我開始解離了，那是一種熟悉的感覺。當我們搬來佛羅里達州還住在那間公寓時，某次我們在路邊遛狗，他也因為我說的話大發雷霆。不顧馬路上來來往往的車流，他猛然轉身並對我舉起拳頭，語帶威脅地大吼說他要揍我。

「你想要試試看嗎？」他口氣誇張地說著，作勢要往我左邊太陽穴揮拳的動作。「怎麼樣，你應該不想試吧！」他譏諷著。

然而，我們的婚姻問題早在搬到這個陽光明媚的州之前就已經開始了。相較於解決問題，我反而是一而再地選擇忽視，大事化小，小事化無，以為逃避問題就能解決一切。我也以為要是換個州居住，也許他的精神狀態就會跟著改變，就好像我能處理好他的問題一樣。最終他的怒氣並沒有因為搬家而出現緩解，反而隨著新工作面臨更大的壓力而變本加厲。

我的靈魂滑出我的身體，盤旋在上空看著眼前的場景。我的先生，左手無名指上戴著黑色的婚戒；另一個是我，左手無名指上戴著鑲鑽的婚戒。我腦海浮現著當初在拉斯維加斯為我們證婚的牧師在一旁說著，「這兩枚戒指象徵著連結你們兩人的一個圈，代表彼此愛的誓言，永不分離。」我的先生是個事業成功的高管，曾經上過戰場的退伍軍人，也是我們這段關係中賺錢的那一方——這一點他也經常提醒我。**那肯定是我的錯**。

他放下拳頭了。我立刻趁機轉身飛奔衝過那塊我在網路上買來掛在門邊的牌子，上面寫著「狗狗守則（輕聲吠叫、依指令表演才藝並知道自己很幸福）」，我衝進洗衣房，接著一路衝過客廳，直奔我的書房。我聽見他的腳步在後面緊緊跟隨著。我坐在書桌前，雙手不停地顫抖。

「喔，不是吧，你也太小題大作了吧？」他站在門口嘲諷地說著。「你反應過度了，也太玻璃心了吧？有必要搞得像天要塌了一樣嗎？你很清楚我絕不可能會出手打你的，對吧？我講話，你有在聽嗎？」

我轉頭看著他。

「你嚇到我了。」

「我只是在開玩笑。」

說完他就轉身離開去看電視了。男性播報員的聲音正在播報某場季前橄欖球賽的實況轉播。

我要自己不准哭出來。「我可以應付的，」我對自己說。「我不會離婚的，我不要落得像我母親那樣的下場。」我提醒著自己。「你反應過頭了。」我對自己說。

我在浴室裡拿著一團面紙擦乾眼淚。我知道接下來的劇情發展——我會走進廚房做晚餐，而他會繼續看電視上的橄欖球比賽轉播。接下來他會在餐桌上表現出什麼事都沒發生過一樣，然後在某個時刻開個玩笑。我鬆了一口氣，以為暴風終於過了。稍晚的時候，當我將杯盤收進洗碗機時，我會開始懷疑自己對整件事的認知有所偏差，開始以為他應該是對的。「他絕對不可能打我的。」我會這樣告訴自己。我會全身開始變得僵硬，就像是一個以我為樣板切割出來的紙板人。我們的生活在接下來的一段時間內會恢復正常，然後又再重新上演一次。

午夜過後，我的先生已經熟睡，我踮起腳尖從臥室側門走到外面的游泳池。我小心翼翼地不發出任何聲音，以免吵醒他。我推開通往游泳池的門，赤腳走過濕漉漉的草地，抵達後院斜坡通往那片人造湖的地方。我在月光下看見兩隻水獺在湖中翻滾嬉戲著。牠們毛茸茸的棕色身體正在閃閃發光，一下潛入水中，一下浮出水面，牠們正在捕魚、青蛙或烏龜。捕獵是牠們的本能。天性驅使著動物行為，而我也一樣，我也被某種力量驅使著。

我必須繼續追尋我的故事。我接下來得去加州一趟。我的母親可以告訴我，當初我是怎麼進入布洛克計畫的。當我一塊一塊地拼湊出自己人生的全貌，我就會知道自己注定要成為什麼樣的人。

Chapter 6

三周之後，九月中旬，我搭上一班飛往美西的班機。我從橢圓形的窗戶看著翠綠的地景在下方逐漸變得渺小，一切彷彿在這樣的鳥瞰視角下變得更清晰了。

鳥——是啊，我是一隻被關在鍍金鳥籠中的鳥。我被困在美好生活的種種陷阱之中，一棟房子，一位伴侶，可容納三輛車的車庫，其中一輛還是ＢＭＷ。然而，一旦擁有了，我就不想要放手。過去幾十年來，我一直嘗試著想要好好照顧自己。我實在很難想像要放棄這一切。

「沒事的。」我聽見更睿智的自己在對我說著。我知道就算離開我的先生，我也是有能力照顧自己的。但如果乳癌復發怎麼辦呢？「就算走夜路遇上鬼，也寧願遇上認識的鬼，而不是不認識的鬼。」我心中想著。「如果那個鬼會殺死我呢？」到目前為止，我先生只是「威脅」要打我，如果他真的動手了呢？那又該怎麼辦呢？

經過一次轉機，我在七小時之後抵達洛杉磯國際機場。我租了輛車，向東行駛開上高速公路。當我上了高架橋並行駛在整座城市的高處時，我的心情開始變輕鬆了。令人懷念的洛杉磯啊！不真實的光鮮亮麗及其獨特的建築風格，好萊塢星光大道上的那些明星掌印所承載的喜怒哀樂，這是追夢的地方，這是一切皆有可能的地方。抵達洛斯費利茲之後，我將車停在對街的公寓大樓前，我剛開始做記者時就住在那裡。恍如隔世，一切彷彿是前世的事情了。「我當時住在這裡時這麼快樂，」想著有些感傷，「不知道自己還能不能再這麼快樂一次。」

我駕車繼續沿著高速公路向北抵達柏本克，我已經在飯店訂好房間。辦理入住之後，我便搭電梯上樓並拿出房卡打開房門，接著將行李箱丟在地上，精疲力盡地倒在床上。

我回到了加州了。以前住在這裡的時候，生活多麼多采多姿。現在的生活卻枯燥乏味，除了我先生威脅要揍我的時候。不過那是恐懼，那並不有趣。

當我醒來時已是早晨，我起床換上白色T恤及牛仔褲。我走進飯店的自助早餐隊伍裡，手上捧著一個保麗龍盤子，上面擺著炒得太乾的雞蛋、三根煎過頭的培根以及一些軟掉的薯餅。我找了張小桌子坐下，放眼觀察周遭人群。三個穿著黑色T恤、黑色短褲並蓄著山羊鬍的男子應該是某個電視節目的工作人員；一位看起來相當疲憊的媽媽帶著兩個青少年，他們肯定是要去環球影城。其中一個是年約十五又滿臉青春痘的男孩，他看過的A片肯定比我還多；另一個則是拿著手機的綠髮女孩，她絕對是在和一個中年戀童癖者傳簡訊。她肯定以為對方也是個年輕人，兩人還是在聊天室認識的；另外一位繫著米色領帶又拿著公事包的男人應該是來參加某個行業的銷售大會，我猜是鋁製護牆版、充氣城堡或割草機之類的。

早餐過後，我將工作所需的物品收拾好放進黑色皮革斜背包——數位錄音機、正面印著「專業記者筆記本」的記事本（以免我忘記自己來這裡的目的），還有幾枝筆。不久之後，我就開上高速公路往南疾駛。好在早晨的通勤車潮已經散去，我使勁地踩著油門。

我計畫拜訪橘郡裡的一個城市——位於迪士尼樂園東南方幾英哩處的橙市。當初那些種滿橘子的果園（這個城市因此得名）已經被郊區發展所取代，這裡同時也是電視節目《橘郡貴婦的真實生活》（*The Real Housewives of Orange County*）拍攝地。

我還在佛羅里達州時就在打聽哈佛大學退休教授喬治・範蘭（George Vaillant）的消息，他是著名的精神科醫生兼作家。他主持哈佛大學的格蘭特研究（Grant Study）三十餘載，該研究在過去長達七十五年間追蹤兩百六十八名哈佛男大學生，旨在探究美好人生的條件。研究對象之中包括了約翰・F・甘迺迪總統及華盛頓郵報的編輯班・布萊德利（Ben Bradlee）。有意思的是布萊德利曾經監督該報調查水門案的報導，他也在回憶錄《美好人生：新聞報導及其他冒險》（*A Good Life: Newspapering and Other Adventures*）中揭露第一天參加格蘭特研究的過往，並自豪表示，「我就是其中一隻白老鼠。」我寫了一封電子郵件給範蘭教授，詢問他是否願意接受採訪，他同意了。

一個小時過後，我從車道走向一棟科德角風格的房子。我在門上敲了幾下，門開了。高大的範蘭親自應門，臉上掛著活潑的笑容迎接我。

「進來，快進來！」他招呼著。我的眼角看見他的妻子消失在走廊的轉角，範蘭則帶我穿過玄關來到他家精心裝潢又寬敞的客廳。當我坐進奶白色雙人沙發上的厚實坐墊時，我注意到空氣中飄著淡淡的貓騷味。範蘭坐在我對面那張較大的同款沙發上。

他好像《星際大戰》裡的尤達，我心想。範蘭有著八旬老翁那種看盡人生的通透氣質，一旁的桌上放著一本卡爾・榮格加大版本的《紅書》（*The Red Book*）。這本書記錄了這位分析心理學創始人短暫陷入瘋狂的私人日記。我按下錄音機的錄音鍵。

「好的，請問你對布洛克夫婦的印象如何？」我開口問道，希望與傑克及珍妮相識的範蘭能為他們的真實面貌提供一些線索。

「傑克有時候很武斷，」範蘭說，「個性執拗又堅持己見，脾氣暴躁又好鬥，很難相處的人。他父親在他不到兩歲時就過世了。我覺得他或許是想要透過研究去理解，假如父親沒有早逝，那麼對他的人格究竟會帶來什麼不同的影響，而那些不論好與壞的人生經歷又會如何形塑我們的人格。此外，我認為他們的共同研究計畫其實是珍妮的想法，不過每當我見到他們兩個時，他似乎總會蓋過她的光芒。」

我聽著範蘭談論他在縱貫性研究領域的工作內容時，心中突然有股強烈的衝動想要對他坦白一些我從來沒有告訴過任何人的事情。我想對於身為精神科醫師的範蘭來說，面對這樣的衝動也不意外。他全身上下都散發著一股神職人員的氣場。

「我想要寫這個故事，」我對他說，「只是我不確定自己是不是適合講述這個故事的人選。我是記者，不是科學家。我既沒有博士學位，也不是心理學者。我曾是布洛克計畫的研究對象。」我稍作停頓，「也從來沒有主持過什麼研究計畫。」

範蘭揮揮手否定了我的顧慮。

「蘇珊娜，那些事情一點都不重要。」他傾身向前並露出和藹的微笑，「你必須明白一件事——科學其實都是故事。這是屬於你的故事，就必須由你來講。」

「你的故事必須由你來講。」我開車回飯店時，這句話一直在腦中迴盪著。我到訪加州還不到二十四個小時，佛羅里達以及我在那裡的生活彷彿已經成了電視中的一部迷你電影，我曾經出演過一個角色，但那並不是真實生活的我。我轉頭查看手機上的導航路線時，發現我的先生正好來電。我把手機放進杯架裡，不想接電話。我必須專注於眼前的事情，於是我將注意力轉回到前方的路上。

——

我在太陽破曉前就起床了，收拾好行李並駕車前往好萊塢柏本克機場。機場幾乎空無一人，只有些零星的旅客及商務人士，還有一些我看不出身分的人正準備跳上清晨的航班前往某個地方。不到一小時之後，我們已經降落在奧克蘭國際機場，我租了一輛車往北開。灰濛濛的天空讓人感到壓抑。我上次去灣區是什麼時候了？至少十年前了，或許也有十二年之久了。

下了交流道之後，我找到了自己當初出生的奧克蘭醫院。我從那裡依照父親在我出生當天從醫院前往兒童研究中心的路線，重新走了一遍。十五分鐘之後，我抵達那所幼兒園並站在人行道上，圍欄後傳來孩子們在操場上的嬉鬧聲。此時陽光正穿透雲層並照亮那道色彩繽紛的透明棚架。我的腦海中突然浮現出一段記憶——我抓著母親的手，她正牽著我走向教室，腳底下踩著一道彩虹。

兩棟建築之間的一條走廊連接著行政大樓的正門入口，眼前的景象也將我從回憶中拉回現實——走廊上突然出現一名男子，他戴著眼鏡並穿著深藍格子襯衫搭配牛仔褲，看起來大概三十多歲，很像是正在觀察這些幼兒的研究人員。他走到走廊中段時才注意到我，先是愣了一下，接著繼續往下走，裝作沒看見我一樣。當他走上側邊的小徑時，刻意又繞得很遠，目光緊盯著下方的水泥地。攝影師會因為沒有即時按下快門而後悔，記者則會因為沒有及時丟出問題而後悔，事不宜遲。

「請問你是在幼兒園工作嗎？」我在這人與我擦身而過時問他。他沒有抬頭看我，只是搖搖頭後又加快腳步。我要是就這樣放他走，那他就要消失了。「請問你是研究人員嗎？」我朝他身後喊著。

他停下腳步並向後微微轉身，眼神中滿是遲疑。

「我以前在這裡上幼兒園，很久以前了。」我帶著微笑解釋說。

他愣了一下。「很多像你這樣的人會來這裡，」他終於講話了，「我還有事要忙。」說完便匆匆離去。他好像《愛麗絲夢遊仙境》裡的那隻白色兔子，而我則是愛麗絲。「越來越離奇了。」我心裡想著，然後走回車上。

我駕車經過那些熟悉的街道並回到下榻飯店。海灣對岸就是舊金山，金門大橋在遠處依稀可見，回到成長故鄉的感覺很奇妙。當飛機降落奧克蘭時，我的內心也突然一沉，那也是我這麼多年來不曾回來這裡的原因。我曾經想要遺忘這個地方。

「我想你們有收到一個給我的包裹。」

飯店櫃台人員聽完便轉身走進後面的房間，不久後便抱著我請先生寄來給我的包裹出現了。我將箱子夾在腋下並拉著行李走向電梯。

回到房間之後，我打開包裹並將裡面的東西拿出來。我坐在床上並拿出那個茶葉罐子，接著滑開蓋子取出裡面的夾鏈密封袋。我一直都不知道要怎麼處理父親的骨灰，我現在應該有答案了。我將夾鏈密封袋放回茶葉罐子中，然後再將罐子放在咖啡機旁的那張桌子上。

所謂的父親情結，我顯然有這個問題。父親情結到底是什麼意思？這是個用來形容一個女人在幼時與父親之間留下未解情結的專有名詞。我的幼時是有父親的，然後他就不在了。他離開了我的母親，同時也離開了我，還把我留給她。我的母親總是不快樂，而當他離開我們後，我以為讓她快樂是我的責任，但那根本不是我的責任。我當時也只不過是個孩子。

多年以後，當我第一次踏進脫衣舞俱樂部，第一次出現在色情片場時，我發現自己渴望成為那些鎂光燈下的女人。她們在我的眼中都是掌握著力量與美貌的解放女性。換句話說，她們擁有我母親所沒有的一切。後來，隨著時間流逝，我對這一切又有著更加細膩的認知。那些女性看似掌握著權力，實際上卻仍是男性在主導一切——從脫衣舞俱樂部的老闆、色情片導演，再到那些收購多數製片公司的色情網站，其背後那些貪婪的經營者們。

二〇〇九年時我還住在維吉尼亞，那年我曾經跑去洛杉磯待了一周的時間，為的是採訪並撰寫一篇一萬字的報導，主題是金融海嘯所造成的經濟大衰退對成人影片產業所帶來的影響（色情產業在那幾年因為網路盜版及一連串來自聯邦法院的猥褻行為起訴已經元氣大傷，而前一年的經濟危機更是雪上加霜）。我開車進入好萊塢羅斯福飯店停車場時見到暱稱「刺蝟」（The Hedgehog）的羅恩．傑瑞米（Ron Jeremy）正在等泊車小弟幫他取車時，我就知道後面有戲了。最後，我跟著來到伍德蘭希爾斯的一棟豪宅，他們為了拍攝一部色情片而租下那棟房子。我在客廳裡看到一個女人坐在一張懸吊在天花板的鞦韆上，她正在和一根接在金屬支架上的假陽具性交。那個金屬支架的另一頭接著一台馬達，正來來回回地推著那根假陽具。那位又外貌甜美的黝黑年輕女主角，一頭棕色長髮，看起來有些像年輕時的珊卓．布拉克。當我問她進入色情產業的動機時，她只是聳聳肩並回答：「為了賺錢。」

當時距離那場在消防車上的群交狂歡派對已經將近十二年了。如今在這棟豪宅裡，我清楚自己必須要做什麼才能斬獲自己想要的報導內容——也就是說，真相故事。我雙腿開開地坐在沙發上，完全是個大男人的坐姿。場務助理講了一個黃色笑話，我笑了。拍攝接近尾聲時，那個女人得換成肛交，然後她開始含淚發出哽咽聲。「我要哭了。」我說完卻什麼也沒做，努力壓抑內心想要與她站在同一陣線的衝動。我不想成為那些女人，我想成為那些男人。那才是權力的核心。

——

第二天早上，我穿過加州大學柏克萊分校的史布勞爾廣場，包包裡裝著父親的骨灰。我在惠勒大樓附近徘徊，當年父親在這裡擔任英語教授時的辦公室就在這棟樓裡。我猶豫是否要將他的骨灰灑在大樓前面的樹叢中，但是又擔心會有人報警說校園裡有人正在從事恐怖活動，最後只好作罷。我從北側的一個入口走進大樓，小跑步到最上層。我在走廊上兜兜轉轉，終於找到了他以前的辦公室，不過門邊貼著另一個女人的名字。我拱著雙手湊近毛玻璃向內望去，只能看見一些朦朧的輪廓及模糊的形體。

我轉身走向樓梯，此時一個綁著螢光粉紅色馬尾的女學生走在我前面。她後頸上的花體字刺青寫著「就是這樣」（so it goes），那是寇特．馮內果（Kurt Vonnegut）小說《第五號屠宰場：兒童十字軍之死之舞》（*Slaughterhouse-Five, or, The Children's Crusade: A Duty-Dance with Death*）中的句子。這是一部於一九六九年出版的半自傳小說，主人翁比利．皮爾格林（Billy Pilgrim）是一名二戰時期的士兵，在德勒斯登遭到轟炸之後成為戰俘，他罹患「時空痙攣症」而在人生軌跡上時空跳動，然後遇見來自特拉法瑪鐸星（Tralfamadore）的外星人。皮爾格林發現這些外星人可以同時生活在過去、現在以及未來之中。特拉法瑪鐸人認為死亡並不存在。對他們而言，一個人既永遠活著，也是永遠是死的。「就是這樣」這句話不停地在書中出現，意味著死亡不可避免，甚至平凡無奇。

「就是這樣。」我心裡想著。

我回到那輛租來的車上，先將父親的骨灰放回茶葉罐，再將茶葉罐放到後座。接著我要前往聖塔克魯茲與佩爾．耶爾德（Per Gjerde）見面。耶爾德曾經是加州大學聖塔克魯茲分校的心理學教授，並在一九七八年加入布洛克計畫。珍妮去世之後，耶爾德就成了傑克的得力助手。當我打電話給他時，我問他的第一問題就是他還記得我嗎？。

「我記得你的名字！」他說話帶著濃厚的挪威口音。

開車大約一個半小時之後，我人已經坐在耶爾德家的餐桌前。他的身材高大，一張鵝蛋臉，年約七十出頭。他看起來有點面熟。

「孩子們都很喜歡當研究對象，」他開心地說，「他們會覺得自己與眾不同。」我點頭表示贊同。耶爾德清楚我們這些研究計畫中的孩子在同儕之間的感受，他懂。當時他與傑克一起收集我們的資料，也在過去這麼多年來共同發表了幾篇關於我們的科學研究論文，其中有一些我已經在網路上讀過了。

我與他分享那段關於 M&M 巧克力的經歷——我說自己當時有多想吃，結果還是拒絕了。等到考官一離開房間，我就狼吞虎嚥地把巧克力都吃光了。

「對！」他也作勢附和著，「那是我們故意設計的環節。主要用來評估延遲滿足能力的測試，那是我們從米歇爾棉花糖實驗衍生出來的改版。」

我顯然是測試失敗了。我在「延遲滿足能力」的測試上掛鴨蛋。

「佩爾，我讀過許多關於我們這個研究計畫所發表的研究論文，」我說，「但是我一直想要知道的是，你們——我是說從這個研究中——可以預測出我會，也就是我們長大後會成為怎麼樣的人嗎？」

「嗯，這項研究在當時算是相當具有前瞻性的研究，」他猶豫了一下後思考著，「這是個複雜的問題。從許多方面來看，答案是肯定的，是的，沒錯，我們的確可以預測結果。當你們進入青少年時期，有些人開始陷入憂鬱，或者開始嘗試毒品——像是這些狀況，其實在你們年幼時，約莫三、四歲時，我們就已經看到一些相關的指標。這麼說好了，人的性格其實就像是一張地圖，而這項研究在這方面的成果是非常了不起的。你們做了件重要的事情，也就是證明一個人將來會成為什麼樣子是可以預見的。」

當我駕駛著那輛租來的車爬上聖塔克魯茲山脈時，腦中正在回想耶爾德說的那些話。從某一方面來說，我曾在人類啟蒙貢獻中扮演了一個角色，但我並不是那種自己從小就想要的「與眾不同」。那只不過是一個寂寞女孩的期望，誤將別人的眼光當作是愛。正如我的母親曾經對我說的——期望並不等於現實。我其實不過就是別人研究統計表上的一個資料數據點，正如其他無數的資料數據點一樣。

「就是這樣。」我想，一片山丘在我的眼前升起。

——

「你一點都沒變！」我母親說。我抵達灣區後就打電話給她，現在我人就站在她家的門廊上。她看起來幾乎也沒什麼變，就是頭髮更白了些，身高大概縮水了一吋左右。一如往常，她帶著眼鏡冷靜地瞇著眼打量我，然後草率地給我一個擁抱。我跟著她走進屋裡。

「肚子餓了嗎？我準備了起司拼盤，還有沙拉。我也做了一點三明治，火雞肉片，阿夏戈起司及番茄，用的是Semifreddi's麵包店的雜糧法國麵包。你吃這個，這個我吃。你要喝點果汁嗎？」

我們一起在她家的餐桌上享用午餐。我從那扇法式玻璃門可以看到後院的按摩浴缸，上面掛著她親手種的盆栽，有三色堇、半邊蓮以及秋海棠。露台旁的轉角處可以看見一間小書房，雖然我太確定她現在還寫不寫東西。她曾經與加州大學出版社簽了份合約，計畫是要寫一本關於客觀主義詩人洛琳．尼德克（Lorine Niedecker）的傳記，不過她後來沒有真正下筆動工。「我就像隻蜂鳥一樣，從一朵花又飛到另一朵花！」她以前是這樣解釋，不過我不太懂她到底是什麼意思。我覺得她應該就是膩了，不然就是那樣的題材對她來說太難了。

「你過得怎麼樣？」

「我結婚了，而且——」

「他是做什麼的？」

「策略、企業併購，還有——」

「我根本不知道那是什麼意思！」她明明就知道。她說這句話只是在嘲諷我的先生。在我母親的世界裡，學術圈的人永遠高人一等。人的身分與職業，只要不是知識分子，她就覺得沒分別，根本不值得重視。這或許就是我開始寫色情題材的原因吧？我心中想著。那根本算不上是什麼學術領域。色情谷那種地方，我不需要引經據典地談拉岡理論，不用思辯符號學，也不用從語法上剖析茉莉．布魯（Molly Bloom）關於喬伊斯《尤利西斯》結尾的獨白來證明自己的價值。（我不是在說《尤利西斯》不好，而是我寧願享受閱讀，而不是深度分析，特別是那段燦爛又自慰式的高潮情節：「於是我說，好吧，我願意，好吧。」（yes I said yes I will Yes.）我默默地在心中叮嚀自己，千萬不要告訴她自己在婚姻的困境，因為那只會讓她得意自己一直以來說的都是對的——千萬不要結婚！

「他的工作就是去談生意，然後我們結婚是在——」

「你覺得他是……有自知之明的人嗎？」

「呃，這個嘛——我……」

「他聽起來不怎麼有自知之明。」

這個評價讓我有點摸不著頭緒。

「我們在佛羅里達買了一棟房子。很漂亮的房子，有自己的游泳池。」她抿著嘴不說話，我想她對佛羅里達的房子有種既定的印象，而且是不太好的印象。如果我的人生是一個測試，那似乎我並沒有達到她對我的期望。她心目中的我，應該是在看書或寫書，當個知識分子任教於某學術機構或和其他知識分子為伍，不過那不是我想要的。我之前想要的是有活力又熱鬧的生活。

我母親接著說，「我不懂為什麼我們怎麼就不聯絡了。」

我張嘴欲言又止，結果還是沒說出口。

該從哪裡說起呢？那場颶風——應該就是了。不過我不想談那件事，我不要想聽她辯解當時沒有打電話關心我是否還活著的理由。首先，她會否認所有相關事件。接著，她會混淆自己在那段經歷中的角色，然後她會添加幾筆誤會，或是一些資訊傳遞的錯誤。接著到了倒數第二步，她就會把責任推回到我身上。最後的壓軸，就是她會選擇再次沉默，意思就是在說——這件事情沒什麼好講的了，到此為止。

「你得乳癌的事情，我真的很難過。」她在網路上讀到我的抗癌文章。「假如我當時能陪在你身邊就好了，我真的很難過。」她的眼眶紅了。

我還住在紐奧良的時候曾經在聖誕節回賓州見我的母親、外婆以及姊姊。那時候我的外公已經過世大概一年了，外婆一個人住在當初與外公一起搬去的養老院。我們套上厚厚的大衣、帽子與圍巾，一起去逛商場及古董店，然後買甜甜圈吃。我說了什麼讓我母親不高興的話，我當時太不耐煩，酸言酸語又自作聰明。我的母親在那段時間決定停用百憂解，原因是什麼她也沒有講清楚說明白。不過她不是在醫生的指示下停藥（我認為應該是這樣才對），而是一意孤行地直接停藥。

我不知道說了什麼話讓她惱怒，她突然抓起我脖子上的圍巾兩端往相反方向拉，好像要勒死我一樣。我感到震驚的不是她作勢要掐死我的樣子，而是她當時臉上的表情。或許是因為要與過去對她不太好的外婆相處，又或是百憂解的戒斷反應，又或者是我身上有什麼讓她無法忍受的——像是我父親的基因？她的虛假面具掉下來了。她一向無情的臉上突然出現一股強烈的情緒——怒火中燒的怨恨與無法壓抑的痛苦，那是來自內心的憤恨。

「我現在好多了。」我安慰她，不想重新上演當年在賓州的那些場景。我早已明白與她之間最好的相處方式就是保持一種超然的距離，就像某天早上醒來後發現廚房裡突然跑進一隻野狼那樣。我將錄音筆放在我們中間的桌上，開始引導她談論布洛克計畫並讓自己的心境切換成記者的客觀模式。

「是誰決定讓我進那所幼兒園並參加那項研究的？」

「那是我的決定。」她雙臂防禦性地環抱在胸前。我一直以為那是父親的決定，因為在我心中那是父親認為我很特別的意思。如今看來，我錯了。她扭頭望著窗外並露出詭異的笑容。「我只是想要擁有多一點自己的時間！我當時也在工作，我有很多事情要忙。帶你們兩姊妹真的太難了。我需要時間喘一口氣，帶小孩真的很累。你父親整天都在寫作，我也想過自己的生活。難道這樣有錯嗎？」

我的母親繼續講述當一個母親有多累時，我的腦海中突然想起那個腫瘤寶寶。現在也應該三歲半了吧，可能正準備要去上幼兒園——而且那所幼兒園應該沒有心理學實驗可以參加。我很好奇腫瘤寶寶會不會想我？會不會在半夜哭醒喊我？會不會渴望回到我那結實又潮濕的乳腺組織中呢？想到我的母親對於當我的母親的態度，我就覺得自己沒生小孩可能是最好的選擇。也許我會像她對我那樣埋怨自己的孩子，把孩子當作是一種負擔。當她繼續喋喋不休地說著時，我突然明白自己此行的目的都已經達成了。

「我帶著爸爸的骨灰，我不知道要怎麼處理才好，」我在離開前告訴她這件事，想著或許她可以幫我處理這件事，「我想你可能知道要怎麼處理。」我從包裡拿出那個罐子並遞給她。她打開茶葉罐並拿起骨灰袋端詳著，然後她笑了——笑容中有那麼一絲得意洋洋。我想她心中應該是覺得，「**我終究是贏了，你這混蛋！**」

幾周之後，我收到來自母親的一封電子郵件。她在信中說她開車到了灣區北邊的一處海灘，並將父親的骨灰撒進浪濤洶湧的海裡。終於，她也處理掉他最後所剩的遺骸了。她信末又再加了一句話——處理完之後，她感覺好多了。

——

我搭飛機回到佛羅里達，灣區之行讓我陷入沮喪。我一直以為自己的人生在某條軌道上，實際上卻是另一條軌道。我真希望當初自己從沒有開始挖掘過去的真相，就讓過去的巨獸繼續在過去沉睡。我讓大腦進入自動駕駛模式，盡量不再多想，就好好地維持婚姻關係。我就抱持這樣的態度過了一年半。

時間到了二〇一七年的某個春日下午，我開車行駛在四十一號公路上，向北去一間診所接受年度乳房攝影檢查。當時距離我第一次收到乳癌確診已經五年了，而我的腫瘤科醫師曾經說過五年是一個關鍵。若能平安度過，那麼乳癌就不太可能會復發了。

我在更衣室換上了一件粉紅色連身檢查服。離開更衣室前，我在鏡子前自拍了一張照片，當作是這個重要時刻的紀念。由於我有乳癌病史，因此接下來要做的是乳房攝影及乳房超音波檢查，這樣我的放射科醫師就能更徹底地檢查我的乳腺組織。

乳房攝影進行得很順利，接著進行乳房超音波檢查。我枕著右手臂躺在檢查室的床上，技師在我右胸上塗抹冰涼的凝膠，然後開始來回滑動超音波的探頭，一遍又一遍地回到右側乳房曾經長出腫瘤的那個區域。我的手掌開始冒汗，喉嚨感到緊縮，胸口也越來越沉重。

「我會把檢查結果交給醫生看。」那位技師說。

超音波的最後影像停留在螢幕上，我在那片蜘蛛網般的白色組織中清楚看見那五分錢大小的黑點，我頓時覺得自己快要昏倒了。我的腫瘤科醫師曾告訴我，「假如癌症復發，我們會進行治療，但是我們能做的可能也不多了。」

我的腦中閃過接下來可能會發生的事情，更多的手術，更多輪化療，更多次放療。我的頭髮又會再次掉光，大腦又會再度變成一團漿糊，而那個我拼命想要巴住的丈夫會因為我的模樣而退縮，畢竟誰想要和惡性腫瘤結婚？誰也不想。

技師再度出現在檢查室的門口，我跟著她穿過長廊前往放射科醫師在另一頭的辦公室。那位技師敲了敲門。

「請進。」

放射科醫師坐在昏暗辦公室裡的一張長桌前看著我的超音波報告。她示意要我在她旁邊的椅子上坐下。我安靜地坐著，看著她自顧自地嘀咕著。她突然眉頭一皺，我以為要告訴我癌症復發了。

「那是個囊腫，」她開口說，「良性的。」

「所以，我……完全沒事嗎？」

「是的。」

當我開車經過那些鄉村俱樂部、匹克球場及鮮蝦小餐館時，我心裡在想——我在所有機會都用完之前，究竟還能擁有幾次重新再來的機會呢？我在過完所有的日子之前，我還想要過多少天不快樂的日子呢？我在生命耗盡之前，我還要浪費多少時間呢？

我在車庫裡停好車並走進屋內，接著將包包扔在廚房的檯面上，再走向那扇滑動玻璃門。我穿過露天泳池的圍欄，那片人造湖正在噴水。我想要的不只是這棟由水泥磚砌成的房子，不只是這片人造的假湖景，也不只是一個威脅要揍我的丈夫。該是時候了，如果我想要改變人生，那麼我就必須不再逃避現實並開始面對。

當我先生下班回家時，我已經在家裡等他了。

「我們不能再這樣下去了。」我對他說。

「我想要離婚。」他說。

我可以在他的眼裡看見無數渺小自我的倒影。為了換取這個男人對我的愛，我讓自己變得越來越渺小。總有一天，我會消失不見。

「好。」我回答，明白這一切都結束了。

Chapter 7

當天晚上，我自己睡主臥室，而他則去屋子另一頭的客房睡覺。隔天早上，我聽見車庫門關上的聲音，確認他已經開車出門上班了，我才走出房門準備咖啡，接著走進書房開始工作。我必須找一位離婚律師，不過現在還不急。

幾天前，我收到一封電子郵件，附上的連結是科學紀錄片長壽節目《諾亞》（*Nova*）於一九八〇年的某一集，標題是「粉紅與藍色」（The Pinks and the Blues），該集內容在探討形塑性別角色。我點開連結並開始播放影片。大約看了二十分鐘之後，傑克與珍妮就出現在螢幕上。他們並肩坐著觀看著面前螢幕上的兩個男孩在兒童研究中心玩耍的紀錄片。他們看著畫面中的景象突然開始笑著。她帶著微笑注視著他，而他也以笑容回應，只是眼睛仍盯著螢幕。兩位我的主要研究者彷佛重生了，佛羅里達則開始在記憶之中漸漸模糊。

根據布洛克夫婦提出的人格雙因素理論來說，自我控制（ego-control）與自我復原力（ego-resiliency）是形塑情緒、動機及行為的人格特質。自我控制指的是我們表達或壓抑衝動的程度，自我恢復力則是根據社會要求來調整自我表達或壓抑衝動的能力。打從幼兒園開始，我們的自我控制能力就被放在一個光譜上進行量化測量，從「控制不足」到「過度控制」。假如不由自主、可以面對不確定的情況又能表達情緒的話，那就是屬於控制不足型（undercontrolled）；假如有紀律、不喜歡面對不確定性又會壓抑情感表達的話，那就屬於過度控制型（overcontrolled）。自我復原力也同樣被放在一個光譜上進行測量。假如可以輕鬆適應變化、隨著情境變化而投入或感到自在，而且能夠接納與理解他人，復原力就會得到高分；如果我們缺乏彈性、面對變化會感到不安，而且創傷過後的恢復緩慢，那麼在復原力的程度就會得到低分。（我想我自己應該是控制不足型，而我丈夫是過度控制型。換句話說，我們的婚姻注定會失敗。）這麼多年下來，大多數控制不足的人依然保持控制不足，而過度控制的人則仍維持過度控制。換句話說，我們在某種程度上就可以預測一個孩子長大後會成為什麼樣的人。

不過布洛克夫婦卻發現人格並不是不會改變的。父母及其他生活因素在形塑我們的過程中都扮演著重要的角色，其中一個因素就是性別。儘管他們一開始並沒有打算要研究性別角色上的差異，但是珍妮很早就觀察到我們這一群男孩與女孩在行為上的差異。究竟是天性所致？還是後天造就？又或者兩者兼俱呢？

珍妮在研究中發現，就算父母的出發點都是好的，他們仍會根據性別以不同的方式對待子女。鼓勵男孩要獨立，女孩則要順從；鼓勵男孩四處探索，女孩則不要亂跑；鼓勵男孩多嘗試多實驗，女孩則不需要；教導男孩要力爭上游，女孩則要學會配合。學校的老師們也在強化這些訊息。課堂上，男孩的成功是出於能力，女孩的成功則是種運氣；他們教導男孩要相信自己，女孩則要懷疑自己；男孩的失敗歸咎於外在環境，而女孩的失敗則歸咎於自己。「一針見血。」我心裡想著。

我是在（據說是）全美最自由開放的城市中長大成人的。我的母親聲稱她以前一邊推著吸塵器一邊閱讀貝蒂・傅瑞丹（Betty Friedan）的《女性的奧祕》（*The Feminine Mystique*），我父親則要我相信，假如我沒有比男孩們更厲害，那至少我也能做得跟他們一樣好。然而，曾幾何時，我開始學會懷疑自己、否定自己、貶低自己。儘管我可以怪罪於父權社會、厭女文化、我的父母或老師、灰姑娘或芭比娃娃，但是到頭來卻是我自己做出了讓我走到這步的所有決定。**假如這個世界可以改變我，那我能不能把自己改變成自己想要成為的那種人呢？那個不再懷疑自己、重視自我價值、快樂且幸福的人呢？**

可可吠了兩聲，催促我帶牠出門散步。我走進車庫幫牠繫上牽繩，牠開始拖著我在人行道上行走。陽光似乎更強烈了，天空變得更藍了，草地也更綠了。我的婚姻已經一團糟，但是我的故事已經出現了輪廓。我沒有一敗塗地，我沒有搞砸一切，也不是糟糕的妻子。我是在經過一連串不論隱蔽或揭眾的訊號與訊息中，重新塑造成這樣一個自己不想成為的人。我曾經卑躬屈膝，只為了取悅一個男人；我曾經讓自己變得渺小，以為別人的需求永遠比我的重要。

那隻狗蹲在草地上，大口喘氣地使勁排出一坨糞便。這不只是個人的故事而已，而是關於我的一項心理實驗，我自己就是研究對象。我從包包裡抽出塑膠袋並套在手上，俯身撿起那團溫熱的狗屎後打了一個結，然後蹦蹦跳跳地跑回家。

我打開電腦並在谷歌上搜尋，「實驗的進行步驟為何？」

一、觀察（Make an observation）——我在筆記本中寫下：我不是自己想成為的那個人。

二、提出問題（Ask a question）——我快速記下：我是怎麼變成現在這個樣子的呢？

三、提出假設（Form a hypothesis）——我開始咬著指甲，因為這一步很重要：假如我可以弄清楚自己是怎麼變成現在這個樣子的，那我就能變成自己想要成為的那個人。

四、根據假設做出預測（Make a prediction based on the hypothesis）——我搔搔頭：假如我能弄清楚自己是怎麼變成這個樣子的，那我就能成為自己想要成為的那種人，然後就能成為真正的自己。

五、驗證預測（Test the prediction）——我皺起眉頭，我得離開這裡才能實現。

珍妮比任何人都更早看出我們這些女孩將要面對的事情。我不會白白浪費她的心血。

如果她是對的，我就可以運用這些知識來改變我的人生。

幾周過後，我約了一位離婚律師見面。我在車庫裡拿著剪刀割開一個舊紙箱，裡面裝著我保存多年的物品，為的是讓自己分心不去想自己支付給律師的那筆預付款。箱子裡裝著雜七雜八的各種物品，像是一台一九七〇年代的 Super 8 家用攝影機，那是我和姊姊專門用來拍攝家庭影片的，還有一隻壓扁的淡藍色小熊，耳朵後別著一朵玫瑰，那是我嬰兒時期的玩具。除此之外，還有我在大學時寫的散文及短篇小說。我在這些零碎的舊物中抽出一個沒有任何標記的白色大信封。

信封裡有一封傑克寄給我的信，日期是一九八九年六月二十三日，隨信附上一篇關於布洛克計畫的文章、幾篇根據該研究而撰寫的科學論文，其中包括《父母在教養取向上的一致與否及其與兒童性別相關之人格特質的關聯》（*Parental Agreement-Disagreement on Child-Rearing Orientations and Gender-Related Personality Correlates in Children*）、《青少年藥物使用的長期預測：兒童早期人格與環境前因》（*Longitudinally Foretelling Drug Usage in Adolescence: Early Childhood Personality and Environmental Precursors*）以及《測試卡

爾・羅傑斯創造性環境理論的面向：青少年創造潛能的教養前因》（*Testing Aspects of Carl Rogers's Theory of Creative Environments: Child-Rearing Antecedents of Creative Potential in Young Adolescents*）。此外，還有一份八頁的雙面列印清單，上面記錄了關於我們的各種文章、論文、碩博士論文，其中有刊載於《變態心理學期刊》（*Journal of Abnormal Psychology*）的〈艾森克夫婦及精神病質研究〉（The Eysencks and Psychoticism）、一份為太平洋西南森林與牧場實驗站撰寫的報告〈火與幼童：兒童態度、行為及母親教導策略之研究〉（Fire and Young Children: A Study of Attitudes, Behaviors, and Maternal Teaching Strategies）以及一部為加州大學柏克萊分校製作的十六釐米影片《在充滿恐懼的世界中成長》（*Growing Up in a Scary World*）。這世界的確充滿恐懼。

我一眼就認出了傑克信上的加州大學信頭，我父親也用過一樣的信紙。那是由 Tiffany 公司在二十世紀初所設計的加州大學官印，上面描繪著展開的書本，象徵著知識，其下捲曲的橫幅上寫著：「要有光」（let there be light）。

「親愛的蘇珊娜。」開頭一看就是一封制式書信，代表其他研究對象也收到了。他想知道我是否願意參與他們的下一輪評估。這不是個簡單的請求，因為這個評估既冗長、深入又涉及許多個人議題。內容非常私密，簡直徹底攤開我們的私生活及心理狀態。主題百無禁忌，舉凡毒品濫用與憂鬱、性與自殺、離婚與死亡。傑克似乎明白這些問題將會帶來衝擊，因此他在信中提到，雖然在之前的評估中已經向我們提出了諸多要求，不過我們的付出是值得的。他表示，「我認為，參與接下來將要進行的這一輪評估——目前正處於最後的規劃階段——對你們個人而言也將會有所幫助。我確信，你們的參與將有助科學界更深入理解人們究竟為什麼會發展成現在的模樣。」

當我讀完這封信的最後一句話時，心中也想起當初自己參與這項研究時的感受——覺得自己很特別，好像人生具有更深層的意義，好像我背負著更崇高的使命。然而，或許那項研究並不是我命中注定的崇高使命，反而是我現在正在撰寫的故事才是，也就是我自己的故事。

過了幾個小時之後，我在電腦上讀到布洛克計畫於二〇〇六年登上頭條的新聞事件。前一年，傑克在《人格研究期刊》（*Journal of Research in Personality*）上發表了一篇科學論文（當時已經過世的珍妮也被追授為共同作者），標題是〈幼兒園人格特質與二十年後的政治傾向〉（Nursery School Personality and Political Orientation Two Decades Later）。傑克在文中主張，幼兒時期表現出「獨立自主、精力充沛、略為強勢、相對不受控卻適應能力強」的孩子，長大後的政治傾向偏向自由派，而那些在幼兒時期表現「優柔寡斷、膽小又不知變通、情緒壓抑且相對過度自制又脆弱」的孩子，長大之後的政治傾向偏向保守派。

憤怒的保守黨人士斥責這項研究根本就是民主黨的政治宣傳手段，甚至批評傑克為假道學者。保守黨政治評論員格林・貝克（Glenn Beck）就在CNN首播的同名節目上對數百萬觀眾嘲諷地表示，「我真的不應該開心，因為我是個共和黨人。」該節目標題寫道，「保守黨都是愛哭包嗎？」某個論壇貼文標題則是大寫著，「信不信由你，保守黨就是一群愛哭鬼！」亞利桑那大學社會心理學教授傑夫・格林貝克（Jeff Greenberg）也在接受《多倫多星報》訪問時輕蔑地表示，「我覺得這個研究是相當偏頗又粗糙的研究，充其量只能算是拙劣的科學研究罷了。」

我在網路上找到那篇引起爭議的論文檔案，然後在其中一個注腳發現傑克感謝了一位名叫彼得・費爾德（Peter Feld）的人，感謝其「協助進行電腦數據分析」。好奇心的驅使之下，我找到費爾德的電子郵件，並寫信詢問他是否願意跟我談一談。他回信表示樂意之至。當我透過電話聯繫上他時，費爾德表示自己曾在加州大學柏克萊分校參與布洛克計畫的工作。費爾德的工作就是分析我們的資料數據，目的是要找出我們在幼兒園時期的人格特質與成年後政治傾向之間的關聯性。他曾在論文中寫下這些數據的分析內容，但是從未公開發表。費爾德解釋這些數據中存在一個根本的嚴重缺陷，「許多方面來看，你們的柏克萊出生背景並不會對研究結果造成太大的差異，不過在政治態度上，這樣的出生背景確實相當有影響。」他說我們這些孩子中的父母多數的政治傾向就偏左，因此想要得出更廣泛的結論就必須以政治背景更為多元的母樣群體進行研究才行。

傑克過世之後，費爾德從他的表弟那裡得知《紐約時報》上刊登了傑克的訃聞，文中還提及那篇關於政治傾向研究的論文。似乎是傑克拿了費爾德的分析與結論並當成自己的研究成果發表，但是卻沒有提及這些研究對象都在政治傾向偏左的成長環境中長大。

我向費爾德道謝後掛了電話。傑克剽竊自己同事的辛苦研究成果嗎？他是不是為了爭取媒體關注才刻意忽略了研究背後的複雜性？那時早已退休的傑克已經八十多歲了。或許他擔心自己如果再不發表些什麼，那麼他一生的研究成果就會被遺忘在時代洪流之中，淪為歷史的灰燼。

我原以為自己參與的是一項重要的人格研究實驗。老天爺，我心甘情願地將隱私奉獻給他們的科學探索，結果劇情發展卻是完全出乎我的意料之外。這就是科學的運作方式嗎？還是這一切都是障眼法？

——

周間的每個日子裡，當我的準前夫離開家去上班後，我就會全心投入我的研究。周末的時候，我就會盡可能不待在家裡，偶爾會去附近電影院買票看一場女性力量強大的午間電影，像是《神力女超人》或《極凍之城》（*Atomic Blonde*）——金髮且纖細的莎莉・賽隆飾演英國軍情六處的臥底特工，任何想要阻撓她完成任務的男人都會被她打得落花流水。我好像進入了某種宇宙迴圈，藉由回到過去，我開始理解現在的自己。

我之前在聖塔克魯茲訪談過的耶爾德一直對憂鬱症的根源相當感興趣。耶爾德向我透露，他們早在我們年幼時就能看出哪些人會在青春期陷入憂鬱——長大之後最有可能患上憂鬱症的男孩通常很有攻擊性，而最可能患上憂鬱症的女孩，聽起來就很像年輕時的我——聰明、善良（大多時候）又內向。

我在網路上下載了耶爾德於一九九五年發表的一篇與我們相關的研究論文，這篇文章聚焦於女孩與憂鬱症的議題並刊載在科學期刊《兒童發展》（*Child Development*）上。我在《青年人在慢性憂鬱症狀的替代發展路徑：發展軌跡中的性別差異》（*Alternative Pathways to Chronic Depressive Symptoms in Young Adults: Gender Differences in Developmental Trajectories*）一文中讀到，我們這個群體中，那些聰明、自信（即便也有些害羞）的女孩在長大後卻成了悲傷的年輕女性，而我正是其中之一。當我們進入青春期之後，我們開始意識到自己偏離了所謂的常態。這個社會早已定義女孩應該有的樣子，而聰明與自信並不在那個條件清單上。我們為了融入群體便開始隱藏自己的聰明才智，避免競爭，而我在小學時就是這個樣子的。掩飾真正的自我讓我們變得憂鬱，而這也發生在我身上。就我們而言，這個社會對於女孩子「應該有的樣子」是一種壓倒性的整體期望，但是男孩們卻不一樣。他們不管在任何年齡都可以表現出聰明又有野心，但是像我這樣的女孩子，聰明與野心並不是優勢，而是一種麻煩。

當我進入青少年時期時，周遭那些意志堅定又不汲汲營營想取悅他人的聰明女孩們都開始陷入憂鬱。像我這樣的女孩，就成了異類、怪人或怪胎。

我後來了解到一個關於人體實驗研究的小祕密，就是研究對象其實並不能代表多數人。絕大多數的研究對象都來自西方國家（Western）、受過高等教育（Educated）、工業化（Industrialized）、富裕（Rich）且民主的（Democratic）社會——合起來就是所謂的怪胎（WEIRD）族群。我在英國劍橋大學出版社於二〇一〇年出版的同儕審查期刊《行為與腦科學》（*Behavioral and Brain Sciences*）上讀到一篇文章〈世界上最WEIRD的人？〉，該文是由英屬哥倫比亞大學的約瑟夫·亨里奇（Joseph Henrich）、史蒂文·海涅（Steven J. Heine）及阿拉·諾倫薩揚（Ara Norenzayan）共同撰寫。他們在文中指出，針對二〇〇三年至二〇〇七年間的頂尖心理學期刊所做的分析顯示，其中有百分之六十八的研究對象來自美國，而且百分之九十六的研究對象都來自西方工業化國家。此外，美國的研究對象中有百分之六十七是選修心理學課程的大學生。除此之外，那些來自西方工業化國家的研究對象（這些國家只占全球人口的百分之十二）在人格特質與行為表現上與世界其他地區有著顯著的差異，包括道德推理、知視覺能力（visual perception）及合作行為等許多面向都顯得極不具代表性。那些參與研究的兒童也一樣不能代表全球大多數的兒童，就如同那些研究中的成人一樣。

幾位作者們總結表示，「研究結果顯示，WEIRD社會中的成員（包括幼童）是在進行對整體人類概括化推論時，最不具代表性的一群人。」

我在柏克萊時曾經參觀過兒童研究中心。當孩子們都在室外活動時，我得到同意可以進入教室參觀，學齡前在那裡成長的記憶一一浮現。對於四歲的我而言，那是一個神奇的地方。建築師艾雪瑞克在設計時刻意優先考量孩子們的需求，而非成人的需求。存放個人物品的儲物櫃區域只有三呎高，正好與我們的視線高度平行。挑高天花板縮短了大人與我們之間的差距，讓我們感覺自己並沒有那麼渺小，而是更加平等。那個兩層樓高的遊戲屋因為有著低矮的天花板而得以阻止大人們進入，進而成為孩子們的專屬空間。陽光從教室南側的挑高窗戶灑滿整個房間，橘色窗框模糊了室內與室外的界線，這都在鼓勵我們自主遊玩以及獨立探索周遭環境。

然而，我卻想起一篇曾經讀過的論文〈童年的全景監獄〉（The Panopticon of Childhood），該文於二〇〇五年發表在《歷史教育學》（*Paedagogica Historica*）期刊上，作者是丹麥奧胡斯大學教育學院的寧・德・康寧克・史密斯（Ning de Coninck-Smith）教授。這篇論文提出了一個較為陰暗的觀點。德・康寧克・史密斯教授認為兒童研究中心就像是一座全景監獄——這是由英國社會理論家傑瑞米．邊沁（Jeremy Bentham）於十八世紀末構想出的工業建築設計。守衛者在這樣的全景監獄中身處中央樓塔並可以看見所有囚禁室內的所有動靜，不過囚犯卻看不見守衛。因此，囚犯會內化並形成自己的監視者，進而達到完全控制的效果。德．康寧克．史密斯教授質疑：「我們研究兒童，究竟是為了他們的利益？還是為了成人的利益？」她又再問：「我們是否可以結合對研究的考量及對個體的尊重——即便研究中的個體只是一名兒童？」她斷言在那所幼兒園裡，所謂的隱私，「只是一種幻想——至少對孩子來說是如此」。

我在網路檔案庫中找到建築師艾雪瑞克的一則訪談，他在訪談中回憶起當初在設計幼兒園期間曾經造訪過初設在大學校園裡的那所幼兒園。當時那些老師們向他保證，孩子們根本不知道有人正在觀察他們。艾雪瑞克坐在可以觀看院子的亭子裡，接著透過觀察窗向外望——那就像是通往兒童祕密生活的窗口。他看見一個孩子捏另一個孩子直到對方哭了出來，然後當老師出現時，掐人的孩子就開始裝無辜，老師竟也沒有察覺異樣。接著在另一次的拜訪中，他注意到一個小女孩一直在亭子附近逗留。當其他孩子陸陸續續走進教室時，那女孩就開始舉起小小的拳頭捶著他藏身的亭子牆面。「我知道你在裡面！」她大聲吼著。所以孩子們並非一無所知。多年以後，艾雪瑞克也坦承，他對兒童研究中心始終抱持著一種矛盾的心情。「我從來不喜歡這些偷偷摸摸的事情，」他在訪談中透露，「這對我來說太像《老大哥》（*Big Brother*）實境節目了。」

我發現自己讀過越多的類似資料後，內心的疑問也就越來越多。研究似乎有上乘與拙劣之分，受試者也有具代表性以及不具代表性之分，實驗也分成聲稱客觀的以及受觀察者效應影響的。我以前根本不知道幼兒園裡有人在偷看我，還是我有察覺呢？科學本該是絕對的真相。實際上，真相似乎在迷霧之中。

——

艾瑪颶風正在客廳的電視螢幕上旋轉逼近佛羅里達西南部，似曾相似的五級颶風，這種規模的颶風上次在此登陸已經是十多年前了。自從我們在六個月前協議離婚之後，我就一直留在這棟房子裡等待律師們協商好我們的離婚協議條款。我的準前夫一直想要我搬出去，但是我知道只要自己不離開，我在談判中就更具優勢。

他發現我不再像過去那樣樣樣妥協、讓步之後，怒不可抑。這次我是下定決定不再退讓。每天夜裡我都會鎖上臥室房門，等他隔天出門上班後才出來。我還在床頭櫃最上層的抽屜裡放了一把刀，以免情勢突然升溫。說真的，這種舉動真的又笨又魯莽，也很危險。我就是在玩火，根本就是在挑釁他，但是我已經厭倦他一直以來的欺壓。我對這件事的態度就是——管他去死吧。正如墨西哥革命家埃米利亞諾·薩帕塔（Emiliano Zapata）說的：「寧可站著死，絕不跪著求生。」我還跟一位女性朋友開玩笑說，「只有五級颶風能把我趕出這棟房子」。大自然顯然是接受了我的挑戰。

有鑑於卡崔娜颶風對紐奧良造成的毀滅性破壞，我沒有打算冒險留下來看看這場風暴會不會直擊佛羅里達。我決定前往孟菲斯，而我也從沒去過田納西州。我登上一架飛機，上面滿載著要逃離颶風的乘客。飛機抵達孟菲斯國際機場後，我就租了一輛車開到市中心的飯店。我把行李留在房間後就步行到密西西比河畔。遠離戰區一般的家，我沿著河堤走著，感覺身心開始從壓力中獲得釋放。我告訴自己，總有一天，我會在離婚協議上簽字，離婚官司就此塵埃落定，佛羅里達將會迅速地消失在我的後視鏡之中。

那個星期我拜訪了葛斯世界知名炸雞店（Gus's World Famous Fried Chicken），品嘗了這輩子吃過最美味的炸雞、焗豆及涼拌高麗菜。我也去了貓王故居優雅園（Graceland），參觀了他的豪宅，欣賞他那些鑲滿珠寶的舞台服飾及私人飛機，還在小餐館裡吃了他最愛的三明治（夾花生醬、香蕉及培根）。後來，我沿著五十五號州際公路向南行駛，再接上二七八號美國公路來到密西西比州的牛津市，參觀我最喜歡的作家威廉・福克納的山楸橡樹莊園。我在主屋的一間密室中欣賞他在牆上親筆寫下一九五四年小說《寓言》（*A Fable*）的大綱——這部作品為他贏得普立茲獎及國家圖書獎。當我凝視著那些手稿時，內心既震撼又感動不已，那場景實在美得難以置信——那是一個故事在腦海中成形的過程，然後透過書寫來到這個世界，讓所有人都可以見證這個故事的存在。

時間到了九月底，歷經十一個半小時的調解之後，我在離婚協議書上簽字。那天我與準前夫被安排坐在離婚律師事務所的兩間會議室中，調解人來回回地在我們之間傳達訊息。結束之後，我聽見他離開時在走廊上與我的律師談笑風生。他想讓所有人覺得他贏了，不過我已經不在意他的想法了。輸了一場婚姻，我卻贏得了自由。

那晚，我開始裝箱自己的物品並寄放到一個朋友家中，等到我在洛杉磯找到落腳處之後，就會有人將這些東西寄來給我。當我再次回到那棟房子時，我發現前夫已經將他在書房的物品搬進我的書房了。我人都還沒搬走，他就已經抹滅了我曾經的存在。

我走進主臥室拿走剩下的物品，轉身先將門鎖上。我知道在這樣的情感暴力關係之中，受害者最危險的時候，就是即將離開的時候。我感覺他進來過這間房間，翻動過我的東西。我打開床頭櫃的抽屜，原本放在那裡用來防身的那把刀不見了，我的心臟開始狂跳不止。

我立刻抓起行李從側門溜出去。我在車道上將行李箱扔進後座，加速駛入黑暗的夜色中。我要重新開始，驗證我的假設，成為命中注定的那個自己。

——

飛機正向西飛行時，我閉上了眼睛。我心裡想著，我的先生——前夫，現在正在做什麼？是不是正在我們的——他的廚房角落悠閒地享用早餐？是不是正在我們的——他的後院泳池裡游泳？是不是正在我的——他的書桌前，在我的——他的書房裡工作？但是我再也不需要在乎他了，也不必關心他在做什麼、心裡在想什麼。我不再是他的妻子，不再需要猜想下一次惹怒他的原因到底是什麼，也不再需要擔心害怕他什麼時候會再次舉起拳頭作勢要揍我的樣子。那些日子已經結束了，一切都過去了，無須回頭。我已是自由之身，離婚已成定局，多虧了那位我從未蒙面的家事法庭法官，即使我已經將那個地方拋諸腦後。

當我睜開眼睛時，引擎的轟隆隆聲響只剩低沉的震動聲，窗外景色一分為二，上層的蔚藍天空，以及下層的白色雲層。墨西哥灣就在雲層的下方，平靜無波。我在經歷這場離婚的漫長折磨中曾經無數次幻想這一刻的來臨，試圖想像從他身邊解脫之後，究竟會是什麼樣的感受？興奮、激動、無拘無束。然而，我卻沒有任何感受，反而覺得空虛。我不禁懷疑自己是不是出問題了？如果真的出問題的話，那究竟是什麼問題呢？那個問題是可以治癒的，或是致命的呢？

我認為自己得了「創傷後婚姻障礙症」（post-traumatic marriage disorder）。如果一個士兵會因為戰爭患上創傷後壓力症候群（PTSD），那一個女人也可能因為跟一個混蛋結婚而患上創傷後婚姻障礙症？我們的婚姻就像是戰爭一樣，我的前夫就是無法預測的危險。他那些有害的行徑就是我的創傷根源。儘管我的自我診斷並沒有列在《精神疾病診斷與統計手冊》（*Diagnostic and Statistical Manual of Mental Disorders*）中，不過對於我這個親身經歷一切的人來說，這個診斷真的不是杜撰的。

我完全符合教科書上說的「人格解體」（depersonalization）或「失現實感」（derealization）的症狀，不過這些難以理解的專有名詞並沒有辦法治癒我。我又喝了一口柳橙汁，裡面摻了我在飛機上花了七塊美金買來的迷你伏特加。也許我需要前腦葉白質切除手術，就是在我的頭骨上鑽個洞，好將那些不好的回憶釋放出來，不然就來個簡單痛快的電擊療法。

我終究是要打電話給我的母親並告知她，我的婚姻結束了。她對我說過多少次「千萬不要結婚」了呢？多到數也數不清。結果我依舊忽視她的忠告，毅然決然地走進婚姻。「早就跟你說過了！」她心裡一定會這樣想，但是不會說出口。我在心中提醒自己，盡可能拖延告訴她這件事的時間。

我從包包裡拿出在機場買的最新一期《Vogue》雜誌。封面是一位知名女演員，身穿一襲玫瑰及黑色圖樣的維多利亞風格高領長禮服，神情憂鬱地站在一艘木船中。這樣的畫面實在很難令人產生共鳴——除非你平常真的會穿著高級禮服並坐在船上漂浮著。內頁那些亮面塗層頁面上盡是經過修圖的面孔、拉長的雙腿以及完美捏造的翹臀。如果這是一個女人「應該要有的」樣子，那我還真是差遠了。我的胸部平凡且未經整形，其中一邊還比較小，我管那邊的乳房叫「殭屍奶」。除了右邊胸部被切除一塊組織之外，我的胸口左側還有人工導管留下的疤痕，右邊腋下也有一道疤——那是開刀取出幾顆淋巴結切片化驗是否有癌細胞（結果沒有）所留下的疤痕。我還有許多特徵也都與內頁上這些女人不同。我剪了男孩般的短髮遮掩化療後變得稀疏的頭髮，加上我本來就高大，平均每周都至少一次被誤會是男人。我闔上那本雜誌並塞進前方椅背的置物袋，夾在聯合航空的機上雜誌與一個嘔吐袋之間。

機上的酒精飲品與飛機的低鳴聲讓我感到昏昏欲睡，我開始斷斷續續地作夢。我夢見拉斯維加斯那間我們舉辦婚禮的小教堂，而我正穿著婚紗站在廁所，手中拿著一束玫瑰花。「你好了嗎？」我先生在門外問著，「你好了嗎？」他又提高聲音問了一次。我向後退了一步，另一邊有扇小窗戶，我剛好可以鑽進那個窗口逃走。「你到底好了沒？」我丈夫一邊怒吼，一邊用拳頭用力捶門。我踮起腳尖看著窗外的那片原野，想著自己可以穿過那片原野奔向任何其他的地方。「你到底好了沒有？」我丈夫開始不停地大吼，門鉸鏈也開始嘎嘎作響。廁所的門轟然一聲被撞開，我突然意識到自己再不走，他會將我完全吞噬。

我在飛機廁所裡用冷水潑臉，告訴自己得撐住，沒有白馬王子2.0會來拯救我。我必須要堅強、無懼且堅決。要是花太多時間在悔恨的深淵中徘徊，終究也會讓我被完全吞噬。

機艙廣播傳來柔和的「叮」一聲，我知道自己應該回到座位上了。機長那安撫人心的聲音正在告訴我們，飛機已經開始下降，我們即將抵達洛杉磯。舊的人生已經結束了，新的人生就要展開。

Chapter 8

我透過 Airbnb 租下一間中世紀風格住宅底層的附屬套房，地點在洛杉磯一座山丘上可以俯瞰銀湖的地方。我將行李放在地板上，欣賞這裡奇特又迷人的裝潢——復古的鬱金香椅、仿斑馬紋地毯以及開心果綠的廚房牆面。這裡與我在佛羅里達的舊家完全不同，那裡是米色牆面、米色地板、米色概念。我想，米色是我的剋星。

整理好行李之後，我順著一道隱密的樓梯向下走，接著穿過幾間加州風格的平房及西班牙殖民風格的房子，通往日落大道上的 Intelligentsia 咖啡館。排在我前面是一位瘦如紙片的金髮女孩，頭上戴著卡車司機帽，上面畫著一隻公雞並寫著公雞，「COCK」。還有一個臉色陰鬱的藍髮男孩，身上穿著一件黑色T恤，上面印有水土不服龐克樂團（The Misfits）的招牌憤怒骷髏圖案。我在咖啡廳外喝著豆奶香料拿鐵並觀察著眼前這番文青聖地的景象。

我離開洛杉磯已經十四年了。如今眼前盡是新一代的年輕人，而我已經老了。我隱約可以聽到一些對話的片段，像是「我正在寫劇本」、「我在準備試鏡一部影集」、「我正在練團」。這些對話與佛羅里達西南部的截然不同，我在那裡聽到的是：「我已經退休了」、「我正要去打匹克球」、「我打算去搭郵輪」。我在命運之神宣讀我的名字之前，逃離了「上帝的等候室」。如今置身天使之城，這裡的人無時無刻都在為事業打拼，沒人有本錢談退休，而你每天要扮演的角色都取決於你當天的決定。

我回到租屋處後就打開筆電，開始在分類廣告平台上找房子。這些年來洛杉磯的租金已經飆升，儘管我從離婚協議中拿到了一筆錢，但是面對加州生活的開銷，我的帳戶很快就會見底。兩小時過後已是黃昏，我走到後院，坐在吊椅上盪著。市中心的天際線正在遠處閃閃發光，就像是在最高塔頂上放上一頂皇冠。我可以感受到內心的麻痺正在消退，取而代之的是一種興奮感。我用看似穩定的生活去交換自己對命運的掌控權。儘管生活的風險變更大了，不過回報卻也更高。我不知道將來會發生什麼事，但絕不會像過去一樣，過著那種自我逐漸消失在黃色壁紙的人生。

接下來的那幾天，我都在尋找租屋。凡是我相中的，我都負擔不起租金，而我負擔得起的都是油漆剝落、水管生鏽或地板不平的地方。最後我還是放棄了，往北開上五號州際公路並前往租金較低的谷區。我到了谷區東南的柏本克，然後在一個名為木蘭公園（Magnolia Park）的綠色社區街道上看到一棵棕櫚樹下插著「出租」的招牌。我按照上面那個電話號碼打去，半小時過後，我正隨著房東走進一扇大門。

「佛羅里達嗎？」鮑伯是七十多歲的義大利裔老先生，個性相當健談，染成棕色的頭髮藏在一頂白色的高爾夫球帽之下。他說自己在從事房地產之前，曾在花花公子唱片公司的行銷部門工作。「來這裡一定很開心吧！我是在紐澤西長大的，不過現在已經是加州人了。」他邊說邊領著我走過庭院中的橢圓形游泳池，接著爬上一段混凝土搭建的樓梯來到二樓後面的其中一戶。

「蘇珊娜，我要提醒你一件事——這不是個人見人愛的地方，因為這裡很特別。」這間雙臥室公寓似乎從建成以來就沒再翻修過——實木地板、淡粉色的復古爐台以及鋪著粉紅瓷磚的浴缸。對比我前夫喜歡的新建築、大面積的米色大理石地板以及閃閃發亮的不鏽鋼家電，這裡正是他最討厭的老式公寓。然而，對我來說，這裡充滿個性，簡直完美。

「我要了。」我告訴鮑伯。

一周之後，我關上前門並環顧這裡的空間。我將所有家具都留給前夫，我不想在新生活裡看見任何會勾起舊生活回憶的東西，不過這也代表著我沒有地方可以坐、也沒有床可以睡。我花了一星期的時間四處張羅便宜的家具，其中包括一組灰色的沙發、一套用來吃早餐的餐桌椅及一張床。這些與已婚階段的生活相比，確實少了很多，我看著這樣簡陋布置的公寓竟然有些難為情。不過話說回來，我的自由……無價。

三周過後，某天門口傳來敲門聲——UPS送貨員帶著我請朋友從佛羅里達寄來的箱子站在門前。我在客廳拿刀隨便割開一個箱子，最上面的信封裡裝著多年前傑克寫給我的一封信。我拆開信封並坐在地板上閱讀一份文件的影本，那是一篇於一九八四年刊登在《監控》（*Monitor*）期刊的一篇報導。我從未聽過這本期刊，後來得知是美國心理學會發行的期刊。該報導的標題是〈縱貫性研究的勝利與悲歌〉（The Triumph and Tragedy of Longitudinal Work）。

第一頁是一張傑克的照片，他坐在托爾曼大樓滿是文件的一張桌前。他雙眼直視鏡頭，眼神相當嚴肅。堅挺的坐姿透露著他不動如山的自信，左手擱在椅子的扶手上，手肘拱著，彷彿隨時會跳起來似的，而他的右手則放在桌上並握著他的眼鏡。身後的軟木布告板上釘著珍妮面帶微笑的照片，當時她已經去世三年了。

傑克在那篇報導中表示，縱貫性研究就像是「背上扛著一隻信天翁，騎著老虎，手上還抓著熊的尾巴」。當某一階段的資料剛送達，他就得著手準備下一輪的調查。除此之外，資金必須到位，學術論文也要撰寫。等到這些都完成時，我們這群研究對象都已經是十幾歲的青少年了。我們已經產出超過十年的資料及數據，接著還要經過審閱、分析及分類，而這也只是該研究的百分之五十而已。「這件事是有個起點，」他無奈地向記者表示，「但卻沒有終點。」

顯然傑克因為失去珍妮這位生命伴侶兼親密夥伴而心碎，他在珍妮過世後仍然堅持投入這項研究的發展，那似乎是一種忠誠的表現，也是對她真摯愛情的象徵。我把那篇報導擱在一旁並走進臥室，我從橫向的窗戶望著韋爾杜戈山脈在夕陽餘暉中染成薰衣草的顏色。我突然意識到其背後隱含著更偉大的故事——關於愛情以及人們為了守護愛情願意去做的一切，那是人與人之間的連結，那些緊緊聯繫彼此的羈絆以及鍛造出這些關係背後的忠誠，還有為了讓這份連結能夠持續一輩子，我們又願意付出多大的代價。

幾天之後，我覺得該是時候打電話給我母親了，我們從兩年前在柏克萊見過之後就不曾聯絡了。她不是很好相處，我老覺得她根本希望我不存在這世上，而那種感覺也會讓我開始希望自己不存在這世上。然而，我以為要是告訴她我離婚的消息，她也許會理解，也許能有些同理心。我撥了她的電話號碼，她很高興接到我的電話，不過當我告訴她我已經離婚的消息時，她卻沒有多說什麼。可能她覺得我很蠢，她明明早就勸我不要結婚了，我偏偏還是要結婚；也可能我的離婚讓她想起我的父親當年是怎麼離開她的。我掛掉電話之後，心情比打電話給她之前還要孤單。我雙手抱頭坐在沙發上。如果我真的不在這世上了，她會不會開心一點？我想……暫時不跟她聯絡比較好，我心裡想著。

我知道自己沒有辦法繼續糾結與母親之間的問題，眼前我有著更迫切的問題要處理——我的財務狀況。我離婚之後得到一筆贍養費，但那就是全部了。由於我一直以來都是個自由工作者，所以我既沒有退休福利帳戶，也沒有其他退休金來源，甚至連個像樣的退休計畫都沒有。離婚拿到的那筆錢就是我的退休金，所以我不能動用這筆錢。

我必須找工作，兼職也好，全職也好，只要有收入就可以。我從婚姻中解脫，卻從財務的懸崖上墜落。我在新聞上看到一則來自美國政府問責署的研究指出，一旦離了婚，我這個年齡層的女性的平均收入會下降百分之四十一。有時候我會在凌晨因為作惡夢驚醒，我夢見自己正從高空落下，下方則是無底深淵。

我日復一日地四處投履歷，只要與文字沾得上邊的任何工作我都申請，像是編輯、寫作、部落格經營、廣告文案及行銷……等等。我按照職涯顧問們的建議，聯絡了一些朋友及以前的同事，結果就算是一些看起來可能有希望的工作機會，最後也都是不了了之。我在接下來的幾個月大概投了兩百份履歷，而從這些履歷之中，我只拿到大概十幾次的面試機會，然而其中沒有任何一次面試變成錄取通知。我要嘛不是太有經驗，就是經驗不足；要嘛不是資歷太深，就是條件不符；要嘛不是他們想找的人，就是他們已經在考慮其他人選了。眼看著銀行帳戶的餘額一天一天減少，我的自信心也隨之枯萎凋零。

我不該離婚的。我泡在浴缸的溫水中想著。那浴缸非常小，小到我只能把雙腿頂在牆上才能入浴。（莫非五〇年代的人都這麼矮小？我鬱鬱寡歡地想著。）然後我又想起自己過去是多麼地不快樂，現在已經好多了。不管怎麼樣，現在絕對比那個時候好。

某天，我在求職日程中喘口氣時查看了電子郵件，結果發現以前合作過的編輯發了個訊息給我，他問我有沒有興趣編輯他們公司網站的一個新專欄？他表示這個專欄正是我的拿手強項——「不良惡習」。他在電話中說這個專欄的編輯職責就是去招募新寫手，主題從酒精、槍枝、大麻到性愛等各種與不良惡習有關的文章，而我自己也會以特約作者的身分參與報導。這是一份獨立簽約的兼職工作，沒有額外福利，薪資也不夠應付我的生活開銷，不過至少是個起點。我立刻答應了。

我掛上電話之後便癱倒在沙發上，緩緩地吁了一口氣。這份工作在幾周之後就會開始，而我想在那之前完成另一件事。我打開筆電並點開書籤上的一個網頁。我在求職的過程中偶然發現一個可以在財務上幫助我撰寫布洛克專案的方法。長期身為一名自由寫手，我很清楚自己得同時身兼多份工作才能支付生活開銷，而這就是我可以完成這個專案的方法。

加州大學柏克萊分校的ＩＲＰ調查報導計畫（Investigative Reporting Program）是一個獨立新聞編輯室及教學慈善機構，旨在讓新聞研究所的學生可以親身參與調查報導的實務訓練。該計畫提供三個研究員職位給從事獨立專題調查報導的記者，這份工作不但有薪資及福利，還有專業支援。假如我可以拿到其中一個名額，我就可以在這個故事的發源地繼續深耕與探索。

「我申請了柏克萊的研究員職位，不過我肯定不會被錄取。」我在阿特沃特村一間熱門的地中海餐廳與作家朋友莎拉共進午餐。「我不是他們說的那種調查報導記者。」我心中的調查報導記者是那種頭戴著一頂軟呢帽，帽帶上還吊著一張寫著「媒體」的記者證，然後整天在為資訊自由法（Freedom of Information Act）提出訴求的那種男人，而且這些人總是整天板著臉。我寫的一向是關於性愛、色情與不良惡習的題材。我不是鮑勃·伍德華（Robert Woodward）或是卡爾·伯恩斯坦（Carl Bernstein）這種揭發水門案的記者。我在多年前曾在一個叫做 Beer.com 的網站上定期撰寫性愛專欄，也曾擔任寶僑公司的自由文案寫手，並為水楊酸鉍咀嚼片的公司 Pepto-Bismol 經營社群媒體貼文，一個小時可以賺一百美元。我擅長的是用擬人筆法讓一瓶粉紅色的胃藥講話，不是挑戰權威並揭露真相。該研究員職位的評選委員立刻就會看穿我寫的盡是那些不入流的東西，然後直接把我刷掉。

「為什麼？你為什麼不行？為什麼一定是要怎樣的男人？」莎拉揮舞著雙手，眼露殺氣且頭髮蓬亂，她是那種無法容忍愚蠢的狂放女子。「找到你是他們運氣好，這就是你的專長領域，你在這方面非常厲害！」

隔壁桌的那位母親正將一大口鷹嘴豆泥送進金髮女娃的嘴裡，小女娃突然吐了，鷹嘴豆泥像條河一樣在她胸前傾瀉而下。當那位母親正在清理那一團混亂時，我的腦海浮現了腫瘤寶寶。應該五歲了，上幼兒園了吧？我好奇腫瘤寶寶的養父母會將它送去一般的幼兒園呢？還是專為腫瘤寶寶設立的特殊幼兒園？如果是前者的話，其他小孩可能會欺負他，追問他為什麼長成那樣，甚至把他當成球一樣用力地踢來踢去。如果是後者的話，他或許就會跟其他腫瘤寶寶一起當朋友，一起背誦字母表，午餐時還會交換零食，下課後也會約了去別的腫瘤寶寶家一起玩。

那位母親繼續往女兒嘴裡塞鷹嘴豆泥。或許這位母親心裡也有一部分渴望像我一樣，沒有小孩也沒有伴侶，活著只需對自己負責就好，不過我心裡也總有一部分渴望她所擁有的，一個孩子與一位伴侶（我看見她手上戴著鑽戒），一個家庭。想來人就是無法擁有一切，不過那不是因為這個遊戲從一開始就是一場騙局，也不是因為身為女人，而是因為身而為人——無論男性、女性或非二元性別者，人就是會渴望擁有自己不曾擁有的東西，就是會想要逃避自己，成為所謂的「他者」。

春天來臨時，我收到一封來自IRP調查報導計畫的電子郵件。我有機會去面試那份備受矚目的研究員職位了。只要我不搞砸一切，大好機會就在眼前。

——

IRP調查報導計畫辦公室位在一棟淺色磚牆的建築之中，位置是在加州大學柏克萊分校校區北側對街的位置。這樣既彰顯其與加州大學之間的關聯性，也保有自身的獨立性。我走到赫斯特街與尤克利德街的轉角後，就走進一家熱鬧又溫暖的咖啡館。校區北側這裡曾是我走闖過的熟悉地盤。小時候，我的父母經常帶我們到這條街上的披薩店吃飯。青少年時期，我晚上會與女生朋友們在街尾的停車場消磨時間，抽丁香菸，假裝自己是壞女孩。當我唸大學時，父親與我會在這家咖啡館共進午餐。

時間將近十一點，我走進IRP調查報導計畫的辦公室。我在前台等候時注意到一個展示櫃，裡面擺滿著羅威爾・褒曼（Lowell Bergman）贏得的大大小小新聞報導類獎項。褒曼於二〇〇七年創立IRP調查報導計畫，而他個人曾榮獲普立茲獎、艾美獎、波爾卡新聞獎（Polk）與皮博迪獎（Peabody）。我家裡當然沒有什麼新聞報導獎座的展示櫃，因為我從未得過任何獎項。我寫過一篇關於經濟衰退對色情產業影響的長篇報導，雖然那篇文章點閱率及評價都很高，不過調查報導界的權威人士從來不會頒獎給「最佳性產業揭露報導」這類的題材。牆上還掛著一張相片，褒曼笑容燦爛地與羅素・克洛及艾爾・帕西諾合影，這兩位演員當年當參演了麥可・曼恩執導的一九九九年奧斯卡提名電影《驚爆內幕》（*The Insider*），兩人所飾演的都是深受褒曼啟發的角色。我為了準備面試，聯絡了一位在IRP調查報導計畫工作多年的女員工。就在我不斷地追問之下，她低聲坦承，「那就是個由男性主導的地方。」

十分鐘過後，我被領進會議室，面前坐著褒曼與他在IRP調查報導計畫的得力助手約翰・坦普爾（John Temple）。

「你們好，我是蘇珊娜。」我同時伸出手。

兩位男士與我寒暄後又繼續討論他們正在製作的一部紀錄片，主題是近來一連串致命的軍用直升機墜毀事件。我在包包裡翻出筆記本及一枝筆，想著說不定要筆記什麼重點。我隨便亂寫了幾個字，好讓自己看起來像在處理什麼正經事一樣。當我忙著裝忙的時候，腦中突然閃過一個念頭——假如我申請的調查報導項目是要揭露政府貪腐、像是川普與俄羅斯的關係，或是揭發企業濫權等重大議題，而不是關於我以前當過人體實驗白老鼠的個人故事，那麼我得到這筆學術資助的機會應該會大得多。我看著手掌上的紋路，壓抑著自己想要離開的衝動。可惜現在要逃跑為時已晚，因為我已經坐在這裡了。

「不好意思，我遲到了！」吉塔·阿南德（Geeta Anand）衝進了會議室。她是新聞研究所新來的教授，出身印度孟買，曾經在擔任《華爾街日報》記者時憑藉一則報導贏得普立茲獎。該報導講述一位父親為了拯救罹患致命罕見疾病的兩個孩子而創立生技公司研發藥物的故事。這個故事後來也被改編成電影搬上大螢幕並由哈里遜·福特領銜主演。

「謝天謝地，我不是在場唯一的女人。」我心想。

「那麼……」坦普爾開口。他一頭花白頭髮，肩膀微駝，就是一副標準中年 Beta 男的樣子。他低頭凝視著桌上的資料，好像要開始發表什麼重要演說似的。他抬頭看著我，不可置信地問：「你覺得我們為什麼非得要選你？」

他們為什麼非得要選我？這是個好問題。我想自己可能犯了一個極大的錯誤，竟然相信（或者說希望）我的寫作生涯能在某種程度上被視作是真正在做調查報導的事業——顯然眼前這些人才是真正的調查報導記者。我就是個冒牌貨、騙子、假貨，內心開始想起珍妮與耶爾德描述過的那種會出現在女孩與年輕女性身上的自我懷疑，然後開始將我吞噬。我想要回答，「你們就不該選我，選我就糟了。我很可能會搞砸一切。」

坦普爾在等著我回答，他看著我。褒曼在椅子上挪動了一下，沉悶的氣氛讓他感到無趣。阿南德則帶著期待的眼神看著我。

「因為我的故事和其他故事不一樣。」我回答。

「我沒這麼多閒功夫，好嗎？」褒曼插話說。

我知道了，我心裡想著，我也不需要什麼該死的褓姆。

「我是說，你以前做過這樣的報導嗎？真正透過實質調查的報導？」坦普爾臉上充滿質疑。

我現在已經不覺得自己是冒牌貨了，取而代之的是一股想要狠狠揍他一頓的衝動。

「這不是我們平常會做的故事題材，」褒曼又補了一句，「我們的調查是為了推動系統性的改變，而你的故事是……私人的，我們可以這麼說吧？」他揮揮手，好像在驅趕一隻煩人的蒼蠅一樣。沒錯，從你那古老、過時又父權至上的觀點來看，女人的故事就是私人的，而男人的故事才是重要的。

「很好，」我說，「那剛好就當作一次實驗吧。」

結束之後，我走回當天租來的車子，覺得自己備受羞辱。我浪費時間與金錢來參加一場根本不會有下文的面試，結果就像我之前經歷的那些求職面試一樣。我過度天真的想像力讓我以為自己可能也有機會。褒曼及坦普爾毫不留情地打破了我的幻想，而這就是個信號在告訴我，可以放棄追尋這段職涯了。換一份真正的工作，寫點別的東西吧。

我開車在城區裡四處繞著，最後停在童年時住在山上的那棟房子前面。現任屋主已經將房子的外牆漆成了舒心的奶白色，前院則種滿了耐旱植物，像是龍舌蘭、藍眼草、紫色鼠尾草。我猶豫著要不要上前敲門，想問問屋主能不能讓我看一看以前的房間，我也很好奇後院那棵木蘭樹還在開花嗎？拜託屋主刮掉廚房通往走廊那道門框上的一點油漆，看看父母當年用鉛筆記錄我與姊姊身高變化的痕跡是否還在？我最終沒有上門。

回到洛杉磯幾周之後，某天我收到一封來自ＩＲＰ的電子郵件。發信者是一位行政人員，詢問我是否可以打通電話到辦公室。

「我們會提供其中一個資助名額給你！」

這他媽的是在開玩笑嗎？我好想問他。

「真的太棒了。」我聽見自己這麼回答。

——

如果我接受這份研究資助名額，那我就要在研究期間搬回灣區。我離開灣區已經二十多年了，對我來說，搬回去住在柏克萊的感覺，大概就像是將手指放進流理台中正在運轉的垃圾處理機裡一樣。然而，這實在是個千載難逢的好機會，實在不容錯過。我暫且放下內心的矛盾，接受了這個研究資助名額。研究計畫訂在秋季開始。

我在這段期間先專注在原本的工作上。自從娛樂用大麻於二〇一六年在加州合法化之後，我走訪北好萊塢的一家大麻商店，位置就在柏本克西邊。當時為了撰寫一篇關於高端大麻產品的報導買了一條含四氫大麻酚（ＴＨＣ）的巧克力棒，要價四十美元。我回到家後就折了一塊巧克力進嘴裡，靜待藥效發作。一個小時之後，我感覺脖子不疼了，但我也發現自己似乎忘記怎麼吞嚥了，結果搞得自己驚慌失措。最後我將那條大麻巧克力丟進垃圾桶。

當川普角逐二〇一六年總統職位的競選幕僚長保羅・馬納福特（Paul Manafort）因為逃稅、銀行詐欺及未申報海外帳戶在維吉尼亞州被起訴並受審時，檢察官拿出一件要價一萬五千美元的鴕鳥皮夾克作為馬納福特奢侈消費的證據，而我也為此寫了一篇報導。我打了幾通電話到羅迪歐大道上的那幾家高級男裝店，打算要追查那件鴕鳥皮外套是在哪裡買到的。其中一位精品店的店員很親切地告訴我，他們雖然沒有鴕鳥皮夾克，但是有鱷魚皮夾克，要價八萬五千美元。我婉拒了。

某天在市中心藝術區某家新創科技公司的頂樓，我戴上虛擬實境的頭戴裝置，進行一段虛擬實境的色情體驗。我觀看著一段虛擬的性愛場景，結果男主角的虛擬陰莖竟然在其中一幕脫離了。開發者表示那是軟體的程式漏洞，他們稱作「幽靈假肢陰莖症候群」（phantom-limb penis syndrome）。

我突然想到自己正在撰寫與性愛（以及其他主題）相關的文章，那我也應該在現實中體驗性生活才對。我過去在婚姻期間與前夫的性生活逐年遞減——身為性愛專題女作家卻嫁了一個不想和她做愛的男人，我竟然也逃不過這樣的諷刺情節。為了彌補錯失的光陰，我下載好幾個交友軟體並開始進行篩選。第一次的約會對象是「飛行員」，我們相約壽司店。他長得滿可愛的，不過算不上性感，個性很好卻有點無聊，看起來聰明，總歸是個安全的選擇。畢竟我為了嫁給一個「絕對不會無趣」的人而惹了一身腥，這次我打算先忽略飛行員的無趣。然而，第二次約會時竟然就撞向臨界點了。

「你的老二斷了？」我們正躺在我的床上。

「不是，」他的口氣聽起來有點慌張，「那是一年前的事了。我當時正在跟另一個女人約會。後來她就坐在我上面，然後我就聽到『啪』一聲……」他就沒再說下去了。「那裡有留疤，你看，彎了。」他嘆了口氣。

這世上各個城市的千千萬萬根陰莖之中，我偏偏就遇上斷掉的那一根。我盡力了，不過那種感覺就像是在和一支鐵撬做愛。

後來我與「律師」相約在一家高級義大利餐廳。他開著一輛路虎，身穿訂製西裝。飯後我們一起回到他家——那是一棟坐落在樹林間的中世紀風格住宅。我們走上後院鋪著石板的小徑，來到了他家的游泳池畔。

「我下水一下。」我們正站在泳池邊，接著我踢掉高跟鞋並脫掉上衣，褪下牛仔褲，再解開胸罩。我穿著黑色蕾絲的丁字褲滑入水中，仰躺在水面上漂著。繁星在夜空中閃爍，我想著，這樣的生活可以。隔天早上酒醒之後，我一邊吃著早餐，一邊慢慢地意識到自己對他的個性並不感興趣，我只是喜歡那間房子而已。

來到夏天即將結束的時候，我的約會對象是一位長壽戀愛節目的「製作人」。我們約在西區一家吵雜的酒吧，後來一起回到他在布倫特伍德的整潔公寓。他很認真地對我說，雖然他不太喜歡做愛，但卻樂於「幫我口交」。我向他道謝，然後婉拒。

我小心翼翼地不讓約會對象有機會主動提分手，反而總是在他們有機會消失之前就先疏遠他們。這一次，主導權在我手裡。破碎的婚姻讓我心碎並留下傷痕，我絕對不會重蹈覆轍。因此，我疏遠對方，讓自己變得難以理解，更難以掌握。

轉眼到了八月底，我租了一個倉儲空間寄放家具，整理了幾個箱子與行李裝進車裡，然後一路向北行駛。我沒有機會事先看過房子就租下北柏克萊山區那溫馨一家人的地下室公寓，房東一家人都相當熱情與友善。接下來那一年，我住在距離出生成長的老家不到一英哩的地方。

大概六個小時之後，我已經開進灣區了。科技在過去的二十年間不斷地改變這裡的樣貌，舊金山的天際線已經成為矽谷。回想一九六七年一月，提摩西．李瑞（Timothy Leary）在金門公園舉行「人性存在」（Human Be-In）活動並號召成千上萬的嬉皮「激發熱情、內向探索、脫離體制」（Turn on, tune in, drop out）。如今，科技新貴們穿著巴塔哥尼亞背心並開著特斯拉如蝗蟲過境一般地襲來。陽具狀的跨灣塔在舊金山讓曾經象徵這座城市的泛美金字塔相形見拙。繼續往下開到舊金山半島的門洛公園，Facebook在這裡建了一座「環形監視塔」，從內向外可以看見一切，但外人卻難以窺見其內部。當我進入柏克萊後，我注意到路口裝設了監視器。手機上的應用程式正在忙著規劃我的行車路線數據，無論我走到哪裡，「老大哥」都像真人秀一樣在監視著我。

當天晚上，我在新住處整理行李並開始安頓下來。我的公寓有個小廚房及天花板很低的浴室，還有屬於我的小陽台，我感到相當舒適又安心。當我收拾好一切之後，夕陽已經西下。我走進陽台並爬上一張長凳。從我站著的地方望去，整個山坡、平原直到灣區都能盡收眼底。金門大橋橫跨在前方的海灣上，天空已被染成橘色與紫色，還有一抹金色餘暉。

Chapter 9

第一天早上抵達ＩＲＰ調查報導辦公室時，我先將自己的東西放在與另外兩位研究計畫得主一起共用的隔間辦公桌上。那兩位得主也是女性，她們都是紀錄片導演，當時正在外出進行拍攝。這個開放辦公空間中滿是編輯及記者們正在忙著工作的聲響。我打開筆記型電腦並建立一個新的檔案，不過在鍵盤敲打聲此起彼落的環境中，我實在難以集中精神。我向來習慣獨自在家寫作，那裡不會受到這種干擾。幾個小時過後，我一個字也沒寫出來。

我起身離開辦公室，穿過馬路，不久之後就走進綠樹成蔭的一條小徑，接著轉進一道穿梭在樹林間的斜坡。我在斜坡底端走過一座木橋，下方是一道小溪。來到對岸之後，我繼續沿著嵌在綠意盎然的山間石階向上爬。等到我抵達頂端時，陽光再度從上方灑下。

我從山丘頂端可以看見托爾曼大樓，我們這群孩子離開幼兒園之後的好幾年都還是會回來這裡接受評鑑。這棟建於一九六二年巨大場鑄混凝土建築是由灣區建築師加德納・戴利（Gardner Dailey）所設計，他也是舊金山灣區建築「第二階段風格」的先驅之一。這棟大樓是以心理學家愛德華・托爾曼（Edward C. Tolman）之名所命名的，他同時也是加州大學柏克萊分校的心理學教授，研究迷宮中的老鼠並創造了「認知地圖」（cognitive map）這個專業術語。

我開始往下走並繞到這棟建築的南側。我很清楚這棟建築的內部以其迷宮般的設計著稱，就連教授與學生都經常在錯綜複雜的走廊中迷路。我走到西邊塔樓的入口時就停下腳步，空蕩蕩的大樓，寂靜如同陵墓。我在新聞上得知這棟大樓即將被拆除，取而代之的將會是一棟更新又更亮眼的建築。我推開其中一扇由金屬及玻璃製作的門並走進大廳。

就在我的左手邊，入口處上的文字已經七零八落。

人　發展研　所

這是通往ＩＨＤ人類發展研究所的走廊。當我在這裡上幼兒園時，兒童研究中心就是由這個單位負責監管的。我逕自走了進去。前廳裡設置了一些電話亭，裡面的電話機都已經拆除。我接著走上樓梯。我在走廊上看見一些按鍵式的辦公室門鎖都被人用鐵撬拆掉了。我在走廊盡頭右轉，然後在走廊尾端看見一道門，上面貼著的告示牌寫著：「未經許可不得進入」。我直接將門打開。

裡面是一間狹長的觀察室，左側是一排單向鏡及一張固定的桌子，位置就向著另一邊的實驗室。我離開觀察室，繞過轉角走到實驗室門前。門上貼著幾幅童趣的圖案——開著胡蘿蔔汽車的兔子、坐在熱氣球裡的驢子與花豹，還有躺在搖籃推車中的乳牛。我試著在實驗室裡向觀察室望去——那些研究人員當初就是透過這些鏡子觀察這個房間的，不過我只能看到自己的倒影。

我繼續向前走，裡面還有更多觀察室及實驗室，還有一些心理學手冊、掛式圖表與筆記本。其中有一間標示為「嬰兒實驗室」的房間，牆面塗成黃色與青綠色，單面鏡邊上的粉紅邊框相對低矮，畢竟實驗對象的個頭更小。最後，我竟迷失了方向。我想著托爾曼研究中的那些老鼠就是這種感受吧，為了找一塊起司在迷宮裡四處亂竄著。

樓上還有更多觀察室及實驗室。我走進一間淺藍色的房間裡，牆上畫著一隻棕色的狗、黃色的貓、綠色的烏龜、拿著橡實的藍色松鼠以及一隻紅色的鳥。牆角與天花板交接處的網罩盒子裡藏著監視攝影機，而在相連的觀察室裡有控制器供觀察員操控攝影機的變焦、對焦與調整光圈。系所辦公室的信箱已經被清空，門也已經卸下來了。

走了一陣子後，我進入該建築物南側的一間實驗室。那就是當年M&M巧克力糖被留下的那個地方，也就是我第一次意識到鏡子後面有人的地方。記憶中這間房間比現在大得多，實際上房間也沒有變小，而是我變大了。如同《愛麗絲夢遊仙境》中那個場景一樣，愛麗絲吃下標示著「吃我」的蛋糕後，身體就像伸縮鏡那樣放大到九英呎高。其中一片單面鏡已經破了，碎片散落在地毯上。我對著破碎的鏡子，倒影也支離破碎。

當我走出托爾曼大樓時，太陽已西沉，影子在斜陽下也拉得更長了。我看著手機才發現自己已經在裡面待上好幾個小時了。我往山坡上走回IRP調查報導辦公室，想著過去與現在似乎正在交疊著。

我平日都會去ＩＲＰ調查報導辦公室工作，甚至周末也經常去。無論是人聲吵雜或安靜冷清都沒差，我在文字中的掙扎是一樣的。我在某些日子可以寫出很多字，接著重新閱讀一遍，然後又刪掉那些文字。我總是覺得那些文字哪裡不對勁，至少在我眼裡不太對勁。我搞不懂這個故事究竟是要表達什麼，也不知道該怎麼闡述，總之就是覺得紊亂無章。這個題材讓我感到畏懼，儘管我本身就是布洛克計畫的研究對象。我無法擺脫那種覺得自己是個冒牌貨的情緒，覺得自己是靠班門弄斧才獲取這項我根本不配擁有的研究補助。因此，我持續投入更多的研究，想著如果我讓自己完全沉浸在這個故事裡，也許我就能找到出口。

早在前往托爾曼大樓參加評鑑之前，我們就已在兒童研究中心接受觀察。我上次回去柏克萊時還曾拜訪過那間幼兒園。過了幾個月之後，我搬回柏克萊參加研究補助計畫的某天下午，我又再度前去拜訪。我在面對東側遊戲場的觀察室裡透過懸掛於紗窗框前的聚酯薄膜往外看。當時在遊戲場上約有二十多名幼童及老師們，他們正繞成一個鬆散的半圓形。儘管那天不是萬聖節，許多孩子還是穿著不同角色的服裝，其中有兩個蝙蝠俠、一個《星際大戰》的丘巴卡、一隻暴龍、一隻貓、一個足球員、一個《冰雪奇緣》的艾莎以及一個消防員。多數孩子都坐在地上，另外幾個站著，還有幾個正在不耐煩地東張西望，不然就是專注地看著其他吸引他們目光的東西。

一位柏克萊警察局的巡警正在隊伍最前方嚴肅地講解關於陌生人的危險。

「幫助大人是小孩的工作嗎？」那位巡警問。

「不是！」孩子們齊聲大喊著。

「那是另一個大人的工作，」警官點頭表示同意，「如果有大人想要抓住你，你該怎麼辦？」

「趕快跑走！」一個小男孩大喊。

「告訴別人！」一個小女孩也說了一句。

「沒錯。」警官滿意地說道。

工作人員在我進入觀察室之前提醒千萬不可以發出任何聲音，以免孩子們發現有人正在觀察他們。「請在觀察期間保持安靜」，一張告示牌提醒著我，以免我忘了而開始自言自語。我小心翼翼地翻著筆記本，確保不會發出任何聲音。那本筆記本就擱在一張固定的書桌上，當年布洛克計畫的研究人員就是坐在這張我現在坐著的藍面金屬凳上，手上正在記錄關於我的觀察筆記。如今，這個狹小的密室也兼作儲藏室使用。我身邊堆滿了各式各樣的兒童用品，其中有一個粉筆畫架、幾個裝滿塑膠恐龍及積木的牛奶箱、一輛粉紅色的娃娃推車以及一箱破破爛爛的填充玩具。

外面那位巡警結束了講解，孩子們像小雞一般開始四散。遊戲場上瞬間充滿孩子們認真玩耍的熱鬧氣氛——三個男孩騎著三輪車在觀察室前方來回飛奔，大聲呼喊著往哪個方向衝並瘋狂地甩尾，而那位消防員正與其中一位蝙蝠俠拿著塑膠積木蓋房子，另一個女孩把手伸進一旁的立式沙坑中，喃喃自語不知道在講什麼。最後，老師喊著午睡時間到了，孩子們就應聲開始朝東側的教室移動。我之前看過那裡整齊地排放著一張又一張的小床鋪，床上擱著孩子們需要的毛毯及玩具，好幫助他們入睡。當我開始收拾東西時，觀察室南端通往遊戲場的門突然打開了，陽光也隨之灑了進來。

一位老師正扛著一輛三輪車進來，一位穿著灰色星星洋裝、腳踩粉紅亮粉瑪莉珍鞋的金髮小女孩正站在老師的裙後窺望著觀察室，也同時發現了我的存在。她立刻睜大那雙藍色眼睛，嘴巴驚訝地變成一個小小的圓形。那位老師意外曝光了我的藏身之處，不知所措的我只好帶著微笑，揮揮手。老師慌張地關上門，不過為時已晚。小女孩已經看見我了。當我離開觀察室時，我想著那個女孩會不會從此以為每扇關上的門後都藏著某人或某物——正在窺視她？還是這段記憶終究會隨著時間流逝而淡忘呢？

一位女士領著我在幼兒園的行政大樓裡參觀那些我們曾經接受一對一研究評估的實驗室，我記得自己曾經被人帶進去這些他們說是遊戲室的房間，我在裡面玩玩具並獲得禮物。單向鏡與偷聽設備依舊存在，不過部分實驗室已經重新裝潢成辦公室。那位女士告訴我，加州政府自一九九〇年代末期開始就逐年縮減加州大學體系的預算，因此加州大學柏克萊分校長期以來都面臨空間不足的議題，就連幼兒園也無法倖免。

「櫃子裡有幾箱你可能會有興趣的東西。」她邊說邊領著我在走廊上前進。我在一間擺滿學生藝術作品的會議室裡等著，後來她帶著幾個箱子進來讓我隨意翻閱。

我在翻著第一個箱子時發現其中的資料與布洛克計畫時期之前的另一項研究有關，那就是跨世代研究（Inter-Generational Studies，簡稱ＩＧＳ）。該研究包含了三項縱向研究——引導研究（Guidance Study）、柏克萊成長研究（Berkeley Growth Study）及奧克蘭成長研究（Oakland Growth Study）。該研究於一九二八年由心理學教授暨人類發展研究所（ＩＨＤ）創辦人讓．麥克法蘭（Jean Walker Macfarlane）發起，引導研究是針對人類發展進行終身追蹤的觀察研究。最初以柏克萊的兩百五十名新生兒展開，後來擴及至他們的孩子，甚至在部分案例還延伸至孫輩。布洛克夫婦曾經為了深入了解青少年的人格發展而分析過這些資料檔案，這段經驗也為往後的布洛克計畫奠定了基礎。

我從檔案內抽出一疊黑白照片並在桌上攤開，那是一批ＩＧＳ跨世代研究對象的照片。照片上覆蓋著描圖紙，描繪著研究對象的輪廓並標注他們在研究計畫中的代號。這些人都是我作為人類實驗白老鼠的前輩。接著我翻閱那批研究對象在一九八五年重聚時的留言簿才意識到，原來受到研究影響的不只是我一個人。「我們擁有如此美好的回憶。」其中一位受試者寫道。「你們完全就是我生命中的一部分。」另一位如此評價。「在我需要關心的時候，你們對我付出關心，而且至今依舊如此，願上天保佑你們。」還有一位如此熱情地寫道。「你們總讓我覺得自己的人生相當有價值，到現在你們仍然讓我有這樣的看法！」一位甚至如此激動地表示。一則則親切地留言：「獻給我們的研究之母」。

所以不只是我，我想。他們也一樣。

另一個箱子上的潦草筆跡寫著：「布洛克教授檔案保存」，裡面裝的就是布洛克計畫的資料了。我瀏覽著那些檔案標籤，尋找內容的相關線索：離婚問卷（Divorce

Questionnaire）、父母教養方針與自我復原力的關係（Relationship of Parental Teaching Strategies to Ego-Resiliency）、親子互動任務指導手冊（Instruction for the Parent/Child Interaction Tasks）、原版：形相知覺（Master: Physionomic [sic] Perceptions）、空白訪談表格（Blank Interview Forms）、情緒現象學（Phenomenology of Emotion）。

此外，箱子裡還有進行評估時的素描、擬訂計畫以及劇本。其中一項測驗是讓我們組裝拼圖，而指示上寫著：「給予C足夠的協助。」這裡的「C」指的是我們、也就是兒童，Child。「使其在組裝過程中不會感到挫折。」不過，這測驗是有陷阱的——那個拼圖根本組不起來。當然，他們沒有告訴我們這個拼圖是不完整的。「當C表示拼圖無法完成時，E應該表現出困惑不解的樣子。」「E」指的是他們、也就是評估員，Examiner。「不過要避免提出問題或任何可能鼓勵其假設成立的推測。」他們到底想要評估什麼？他們是想看我們在面對專門設計用來挫折人心的拼圖時，究竟要忍耐多久才會把拼圖全部砸到牆上嗎？「讓C繼續嘗試障礙拼圖十五秒，盡可能不要回應其所說的話。等到必須做出回應時，就表示：『拼不起來嗎？』（語氣疑惑。）」該測驗會在以下兩種情形結束，「（一）、當C不再主動解決問題時，或（二）、C意興闌珊地移動拼圖時，表示其已經不想解決問題了。」這幾乎就是在評價我正在進行的研究。即使至今，我還是不確定那些拼圖到底是不是可以組在一起——或根本不可能。

我繼續打開下一個箱子，一些小型信封中裝著眼熟的綠色三角塑膠片、印有編號的紫色木製連杆以及用橡皮筋綁起來的護貝印刷卡片。我們的父母在指示下將這些卡片根據其教養風格的描述程度依序排列，從最不符合描述到最符合描述的卡片進行分類。其中一張寫著，「孩子惹我生氣時，我會讓他／她知道」，另一張寫著，「我不希望別人對我的孩子投以異樣的眼光」，還有一張則寫著，「我對孩子的期望相當高」。

我拿起一張表格，上面的測驗名稱是「抗拒誘惑」（Resistance to Temptation）。這個測驗是在一間「小型的實驗室」進行的，裡面的桌上擺著一些「誘人的玩具」，像是一個高加索莎莎娃娃（Sascha Doll）、一間娃娃屋與一台拖吊車，地板上還放著一些「不太吸引人的舊玩具」，像是一把梳子、一輛壞掉的小汽車以及一棵彎曲的綠色塑膠樹。他們會告知小孩們這些「誘人的玩具」的主人「是一位女士，而她正在跟別的小朋友玩其他的遊戲，我們不可以碰這些玩具」。接著測試人員會假裝忘了什麼事情要離開去處理，而在單面鏡另一側的測試人員就會按下碼表。測試指示上寫著：「一旦孩子碰觸任何誘人的玩具，記下時間並立刻走進房間。」我有抗拒這個誘惑嗎？想到自己撲向那一碗M&M巧克力後，我想是不太可能。

那位女士出現在門口。

「請問你知道幼兒園當時幫我建的檔案還留著嗎？」

「嗯，我去看看。」她說完便轉身去找資料。

幾分鐘過後，她手裡拿著一個很長的褪色索引卡盒並開始翻閱那些年代已久的卡片，我心中默念著，拜託，拜託有我的檔案。

「找到了。」她說。

她遞給我那張索引卡。

卡片上面，就在我的名字上方有個編號：一六八五。那就是我在幼兒園時期的號碼。

假如，我只是假設，畢竟都已經過了這麼多年了——假如這所大學還保留著我當年上幼兒園的原始資料的話，那麼這個號碼就是打開檔案的關鍵。

我在ＩＲＰ調查報導辦公室登入加州大學柏克萊分校圖書館的網站。如果我能找到自己在幼兒園時期的檔案，或許就可以循線找到布洛克計畫為我保存的相關檔案。我在網頁搜尋欄輸入「哈洛德．Ｅ．瓊斯兒童研究中心」（Harold E. Jones Child Study Center），接著滿懷希望地點擊搜索。「有了！」我開心地舉著雙拳在空中揮舞。結果比我預期的更好，因為在大學的校外倉庫中竟然保存了六十三箱從一九二七年到一九八〇年的兒童研究中心記錄，疊起來總共高達三十九英呎的紙本資料，其內容包括「兒童發展檔案、照片及報告」。我可以向圖書館的人解釋自己需要查閱這些資料箱的緣由，說明其中可能包含與我有關的個人資料，取得許可後就可以開始搜尋關於我的檔案。這就像是在大海撈針，只是這根針是我的檔案，而那片大海則是幼兒園的檔案資料庫。

「你不能翻閱那些資料，這事情不是這樣運作的。」圖書館員嚴肅地搖搖頭，她有著一頭捲曲的短髮。我覺得她應該是自封為這些檔案的守門人。我在圖書館網站上已經找出最可能存放屬於我的幼兒園檔案箱，分別是編號十九、二十與二十一號。我為了打鐵趁熱還特地從ＩＲＰ調查報導辦公室走到校內的圖書館，但是卻半路殺出這位圖書館員。「這牽涉到隱私問題。」她坐在櫃檯後說著。流程是必須由圖書館員替我在資料箱中尋找我的檔案，如果裡面真的有的話。而且，就算找到了，我還得經過他人同意才能翻閱。「你需要取得許可才能查閱你的檔案。必須先取得人類發展研究所所長的簽署信函，這一步不能免。」

幾周過後，我拿到了人類發展研究所所長簽署的許可，並在線上提交了申請，隨信附上「管制資料權限申請書」。接著又過了好幾周，我天天反覆檢查電子郵件。就在我開始覺得應該永遠無法找到我的幼兒園檔案資料時，收件匣裡終於出現一封來自圖書館的信，信中表示我的幼兒園檔案已經送達圖書館。我立刻收拾東西趕了過去。

我抵達收藏加州大學柏克萊分校特藏檔案資料的班克羅夫特圖書館中的赫勒閱覽室，站在櫃檯前等待圖書館員拿出我的檔案。圓拱型天花板下的那一排排書桌前坐著許多學生與研究人員，他們正埋頭閱讀眼前的資料。此時，圖書館員出現了，手裡拿著那份檔案。

「你不能把資料帶走。」她皺著眉說，「不能影印，但是可以拍照。還有，你必須戴上這個。」她邊說邊遞來一雙白色手套。

我走到閱覽室後方的一張長桌坐下。我從北面的那扇窗戶向外望去，學生們正在廣闊的緩坡草地上擲飛盤，有的正在享用午餐，或是打盹。我翻開手中的檔案。

第一頁的標題是「幼兒園註冊資料表」。我一眼就認出我母親的筆跡。這是我被錄取並開始上學之後，她提供給幼兒園的資訊。「父親的特殊興趣」欄位中，她寫「（打）籃球」，而「母親的特殊興趣」那一欄則寫了「鋼琴」，至於「家庭的特殊娛樂」欄位上，她填上「海灘以及去提爾頓健行」。提爾頓是鄰近的一座國家公園。

下一頁則是列出了我的小兒科醫師、牙醫的名字，以及我的疫苗接種日期。我母親表示我當時的健康狀況「極佳」，出生過程「正常」。我會吸拇指，睡覺時需要一盞小夜燈及一條特別的毯子，然後吃飯得要人「催促」。奇怪的是，我不喜歡「巧克力、蛋糕及汽水。（哪有小孩不喜歡巧克力、蛋糕和汽水的？）」我十八個月大時就已經學會如廁了（我母親還特別表示是我「自己訓練的」。）幼兒園還詢問我對上廁所的表達用語（我猜是為了避免出現相同詞彙的混淆情形）。「如果問她的話，」我母親坦白寫道，「蘇珊娜會說『大大』、『便』與『便便』。」另外，學校要求家長在一份詞彙清單中圈選那些與我有關的形容詞，我母親選了「相當不主動」、「喜歡獨處」以及「相當獨立」（我是個懶惰又獨立的邊緣人，詳實記載。）至於我最吸引人的特質，我母親表示「她的興趣——非常專注——她會花很長的時間觀察一隻昆蟲或一片葉子。她非常喜歡學習，也能承受相當大的挫折，她會不斷地嘗試新奇又困難的事情。」怎麼可能，我心想。「舉例來說，她在這所學校的第一天就花了半個小時探索兩種新器材，那就是安裝在木板上的螺帽與螺栓，以及一排磁鐵。」

即便是在那個年紀，語言對我來說已經相當重要了。「她非常喜歡寫字及閱讀，她會發出像是在閱讀的聲音並在協助拼字下寫出單字及句子。」我母親這麼解釋。至於我父親對我的看法則沒有在記錄中。母親的角色，似乎在一九七〇年代初期仍被視為養育孩子的主導者。

幼兒時期的我與成年後的我其實沒有什麼太大的不同。我依舊喜歡獨處，依然獨立。語言對我來說還是很重要，甚是可以說是太重要。此外，我對細節的專注也正是我在新聞工作上的特長，那是能夠研究一個人並解讀一個人的能力。或許布洛克夫婦根本不需要對我進行長達三十年的研究去判斷我會成為什麼樣的大人，因為答案早就很清楚了——她將會長成與現在一模一樣的大人。

我翻到下一頁，那是一份「魏氏學前與小學智力測量表」。我四歲時的智商是一百二十五，比我預期的還高，不過我不是什麼天才。一張筆記上描述我是一個「可愛的孩子，儘管有點害羞，不過個性沉穩且自在」。後面幾頁是一系列的迷宮題。一個接著一個的迷宮，我用鉛筆劃出歪歪扭扭的線條，從迷宮一端的小雞一路畫到另一端的母雞。最後一個迷宮最難，中間畫著一個「X」，上面沒有雞。我試著走出迷宮，不過卻迷路了。鉛筆的線條就停在迷宮的半路上。

最後一頁是我父母當年提交給兒童研究中心的那張原始申請表，那正是這一切的起點。「請注意，提交申請表不代表孩子一定能入取，」表格上提醒那些過於樂觀的家長，「每學期的申請人數總是遠遠超過錄取名額。」表格底部的一欄上還寫著：「我有興趣參與由兒童研究中心進行的嬰幼兒研究計畫。」我母親在「同意」的選項旁仔細地打了個勾。這張表格的日期是一九六八年五月二十日，備注欄上寫著，「申請時年齡為一個月又十天。」

根據這份文件來看，我的父親在我出生當天沒有把我及母親獨自留在醫院的病房裡，然後自己跑去遞交幼兒園申請表。那個故事是誰告訴我的？是我母親？還是我父親？又或者是我自己幻想出來的，好讓我相信自己真的很特別？我不知道。我無法相信自己的答案。我的人生故事，就我所知，不過是一則傳說罷了。

我離開圖書館走一走，穿過校園想讓頭腦冷靜一下。這校園內的某些地方還是和我當學生時一樣，像是薩特大門、惠勒演講廳及多伊紀念圖書館——不過也有些地方已經變了樣，像是那些鋼筋混凝土建成的新建築。史布勞爾廣場上的學生們不再像一九六四年那樣為言論自由而抗爭，他們穿著印有「佛地魔唸過史丹佛」（VOLDERMORT WENT TO STANFORD）的T恤在號召其他學生加入他們的社團活動。鐘塔在整點時響著，鐘聲悅耳地在空氣中迴盪著。那是真的鐘聲，還是數位錄音？我不太確定究竟什麼是真的，什麼不是真的。我聽到背後傳來嗡嗡聲響，猛地轉頭一看是一台機器人，那是一台可遠端操控並裝有輪子的冰箱——正在遞送水果奶昔給點餐的學生，我立刻從路中間閃開。

幾天過後，某天早上我造訪渥斯特大樓，這是一棟由三位建築師設計的粗曠派龐然建築，其中一位就是設計兒童研究中心的艾雪瑞克。我在大樓中的環境設計檔案館細細閱讀著艾雪瑞克留下的相關文件，包括兒童研究中心的概念、設計及建造相關的各種資料，有信件、筆記及設計圖，還有「（用來在不被察覺的情況下觀察幼兒）透明鏡子」的訂單、關於觀察室高度的討論（觀察者能夠靠近並看清楚孩子的臉是很重要的條件）以及興建幼兒園的費用明細（花費是十九萬九千九百九十九美元）。此外，明尼蘇達大學兒童研究機構主任在一封一九五八年的信件中建議柏克萊幼兒園可以「讓每位孩子配上攜帶式傳輸器，將孩子的所在位置及對話傳送到中央錄音中心」，他還補充表示，「既然我們都為人造衛星及探測器配上這種類型的裝置了，那為什麼不應用在人類身上呢？這不就是電影《一九八四》的翻版！」這項建議最終並未被採用，至於原因則無從考證。攜帶式傳輸器在當時可說是超前時代的想法，現在只要一支手機就能達到類似的功能，只是現在是應用程式在追蹤定位及竊聽。

我只要有時間就會回到托爾曼大樓，他們給我那裡的鑰匙讓我自由進出。牆面上出現了塗鴉，走廊上堆著垃圾，窗簾也歪了，然後更多面單向鏡子也破了。某天下午，我在抵達時發現一群戴著安全帽的工人正在四周架設鐵絲網圍欄。

我在IRP調查報導辦公室拿出一份透過其他管道取得的大型捲軸——那是托爾曼大樓的原始藍圖。我將那份藍圖在地板上攤開，一頁一頁地翻看著。我發現之前自己忽略了地下室。湊近一看，才發現這一層有所不同。有別於實驗與觀察室，地下室的有些房間標示為飼育室（colony）、準備室（prep）、手術室（surgery）、高壓滅菌室（autoclave）及動物 dem.（分解）實驗室（animal dem. labs）。我不確定「dem.」是什麼意思，也不確定我是不是真的想知道答案。原來地下室是其他研究人員進行動物實驗的地方。

大約一周後，也是我最後一次造訪托爾曼大樓，當時由一位建築維護人員陪同。我們戴著安全帽及反光背心從通往地下室的樓梯下去。我們在幽暗中行進，那地方相當陰森。地下室有幾間實驗室，有幾張像是用來解剖動物的工作台，還有一些廢棄的高壓滅菌器。冰冷的空氣讓我不禁直打哆嗦，我想著，我們在樓上接受研究的同時，樓下也有動物在接受研究嗎？動物保護團體在一九八〇年代初期的抗議活動迫使加州大學終止在托爾曼大樓地下室進行的動物實驗。而在那之前，我們的研究與動物實驗應該是同時進行的。我知道身為研究對象是什麼感覺，不過如果換作是隻動物，身為研究對象又是什麼樣的感覺呢？

我在網路上找到了一個答案。那是由尼古拉斯・S・湯普森（Nicholas S. Thompson）撰寫的〈從猴子以降〉（My Descent from the Monkey）專文。當時湯普森是加州大學比較心理學的準博士生，其於一九六〇年代在「托爾曼大樓設備齊全又沒有窗戶的地下實驗室」研究猴子，該文發表於一九七六年的《動物行為學觀點》（*Perspectives in Ethology*）中。

「想起那些日子就讓我毛骨悚然，」他回憶道，「我幾乎不記得任何關於靈長類社會組織的事情。我只記得人、猴子與環境之間永無止境的戰爭。」他還記得那些「環境衛生用具」，怕被猴子咬的恐懼以及全套的自我防護裝備。「這段期間內最顯著的變化就是──我開始討厭猴子。」他接著表示。他認為這些研究對象是「無可救藥的囚犯」，「而我既是典獄長，也是唯一的看守員。」這段經歷令他極度不安，最終放棄研究靈長類的社會行為，轉而成為一名鳥類生態學家。

那天晚上，我鑽進被窩並關了電燈。我可以取得任何需要的同意書、遵循所有規則並照顧研究對象的權益，然而不對等的權力就是根本的問題所在。那些研究者，那些被研究者，前者掌握絕對權力，後者只能聽天由命。

──

我持續翻閱相關文件並走訪相關部門，訪問那些曾經認識布洛克夫婦或與其共事過的同儕，故事的樣貌開始漸漸浮出水面。這並不是我的故事，而是這項研究本身的故事，尤其是這故事的後續發展。

布洛克計畫的資料集在傑克退休之後被移至加州大學聖塔克魯茲分校，由佩爾・耶爾德及另外兩位心理學教授負責管理。一九九九年，我們最後一次的評估如期在我們三十二歲那年完成。不久之後，傑克要求將資料集送回加州大學柏克萊分校。至於原因是為什麼？這個問題的答案取決於你問的對象是誰。根據其中一個消息來源表示，傑克擔心其他人會搶走他的研究功勞，而那是他與已故妻子共同創立並傾注一生心血完成的研究——傑克認為那套資料集是屬於他的。於是，一場關於資料集的監護權爭奪戰就此展開。兩所大學的教務長也因此被捲入爭端之中。最後，資料集由卡車運回柏克萊大學並存放於一個儲藏室內，這個儲藏室因為淡粉色的牆壁而被暱稱為「粉紅倉庫」。傑克曾同意讓耶爾德繼續使用該資料集並進行研究，不過實際上卻只讓耶爾德使用過一次，之後便再也不讓他接觸那些資料。此後，傑克對外宣稱自己仍在研究那些資料，不過沒有人知道是不是真的。

傑克最後一次回到托爾曼大樓是在二〇〇九年，當時他已經八十多歲，行動皆需仰賴輪椅代步。他無法自己開車，因此是由一位男子載他前去。他當時造訪托爾曼大樓的理由很簡單，他必須搬走其所管理的資料集，因為粉紅倉庫將用於睡眠研究使用。

粉紅倉庫裡堆滿了檔案櫃，裡面存放著傑克參與過的各項研究資料，其中也包括我們的那項研究。最後他也沒能搬走多少檔案。那位送他來的男子前來接他，推著他前去搭乘電梯並離開去詢問相關事宜。傑克沒注意到走廊盡頭有個女子正在注視著他。她想著，這位曾經鼎鼎大名的智者，如今變成了一位佝僂老人，如此滄桑。

傑克於隔年去世之後，跨世代研究的相關資料被送往加州大學戴維斯分校保存。至於布洛克計畫的資料集，經由加州大學河濱分校的一位教授進行檢視並從中挑出一千頁寄往默里檔案館收藏之外，其餘的則被留下。後來就是一連串的電子郵件往復討論，主旨是如何處理我們個人檔案——也就是那些原始資料。最終決定就是聯絡廢棄物管理部門。

廢棄物管理單位送來了帶鎖的有蓋垃圾桶，然後一名女性工作人員將布洛克計畫的相關檔案塞進垃圾桶蓋上的開口。接著廢棄物管理部門收走那些已經裝滿的垃圾桶並留下新的空桶，如此來回往復持續了好幾周——送桶、裝滿並運走。

當我站在托爾曼大樓前，看著操作著巨大橘色機具的工人們將那棟建築物拆除時，腦中想著那些廢棄的檔案資料，其中包含那份屬於我的遺失個資。我內心的某個角落相信這個預測我會成為什麼樣大人的研究比我更了解我自己。我曾經幻想著，只要能找回那份屬於我的資料，我就能找回真正的自己。建築結構正在瓦解，牆面開始倒塌，取而代之的是後方的那片天空。那些機具就好像恐龍一樣，齒輪磨轉與引擎傳來的隆隆聲響，就像我的過去一樣，托爾曼大樓已不復存在。

Chapter 10

那年秋天，加州大學柏克萊分校的獎助計畫結束之後，我就搬回洛杉磯了。我原先在柏本克公寓大樓住的那間帶有粉色復古爐子的公寓已經出租，所以我就租了庭院游泳池對面的另一間公寓。這間公寓的格局與原先住的那間一模一樣，只是這裡的復古爐子是黃色的。臥室窗戶對著西邊那棟米色混凝土建築二樓公寓的窗戶，而那扇窗的百葉窗總是關著的。

我將寄存在倉庫的傢俱全部搬回家，逐一安置在各個房間中。我打開那個跟隨我一起搬去灣區的行李箱以及那些從倉庫取回的紙箱，陸續將衣服掛進臥室的衣櫃，而外套則掛在走廊的衣櫥裡。我還買了些雜貨並保存在冰箱中，接著將罐頭食品整齊地排在廚房的櫥櫃裡。那間當作辦公室的房間，電腦已經安裝完成，印表機也已經設定好了，我還擺了一個紅藍相間的陶杯當筆筒——

這個陶杯是一位海軍陸戰隊的退伍軍人送我的，他後來是加州大學柏克萊藝術實踐系（我父親曾經是系主任）轄下的陶藝工作室管理員，這個杯子是他手工製作的禮物。陶杯的一側寫著「然而，她依舊堅持著」（nevertheless, she persisted），另一側則是聖母瑪利亞的畫像，心臟被七把劍刺穿，象徵她的七項苦難。

我想著也許自己不再待在自己的故鄉，也就是那個讓我感覺受到過去陰霾纏身的地方，而是住在洛杉磯（儘管不在市區，但也是我選擇的家），那麼我應該有辦法提筆寫作了。所以那些故事就會自然而然地從我腦海中傾瀉而出，句子會完整地展開，無需加以修訂，也無須另外編輯。一頁接著一頁，文字神奇湧現，彷彿假繆思之手或其他字裡行間自成散文的魔法。無奈事與願違，如今我坐在電腦前做著與過去在加州另一邊時一模一樣的事情，動手打字，接著刪除，毫無進展。我遇上寫作的瓶頸，想想就是這麼湊巧，那項研究的名字早就預言了我的處境——布洛克（Block）計畫就是個死胡同（blocked）。

我試過各種方法想要打破寫作的瓶頸。為了更好地理解整個故事的架構，我將那些看似重要的字彙寫在紙卡上，然後像追查連環殺手的偵探一樣將那些紙卡貼滿整面牆。不論清晨、午後或傍晚，我花很多時間沿著人行道、自行車道或任何寬巷窄弄散步，路過十月萬聖節、十一月感恩節或十二月聖誕節各式各樣的裝飾。我閱讀各種關於寫作以及寫作障礙及創造力的文章，結果卻換來不停地哭泣、自哀自憐並唉聲嘆氣地泡在浴缸裡的墮落。我最常後悔自己揭開過去歷史的帷幕，我始終沒能找到布洛克計畫中那份記錄著我過去三十年歲月的原始資料，倒頭來只發現屬於我的人生故事竟被當作垃圾一般地丟棄。

元旦來了，又走了。一月的時候，媒體開始報導中國出現一種新型病毒。後來到了三月，COVID-19的相關新聞就成了所有人唯一關心的話題。封城開始了，人們開始居家防疫。我關上窗戶，等待那個無一倖免的結局，世界末日正在逼近。

寫作似乎不再重要了，寫了又有什麼意義？反正也沒有人能挺過一切活著讀到我寫的文字。我將生活重心與精力轉向瘋狂收看Netflix、狂吃SpaghettiOs罐裝義大利麵以及囤積衛生紙。我的生活開始有了新的步調，那是一種讓我這種性格內向的人極為享受的步調。不用見任何人，不用出門，不用扮演除了自己以外的任何角色。慢慢地，我開始意識到自己這一生都背負著要讓他人印象深刻的龐大壓力，當一個聰明的女孩、當一個賢慧的妻子或一名成功的記者。如今蝸居在這個安全的公寓之中，我可以盡情地做自己，當一個不完美、古怪、充滿創意、充滿想像、奇特又獨一無二的自己。

然而，世界末日並沒有到來，至少短期內不會。到了四月的時候，我決定採用不同的方式重新開始下筆。這次我決定以對待採訪對象一樣的態度去面對我的主題，就像當年那些研究者評鑑我時一樣——採用冷靜且深思熟慮的客觀態度。這個方法果然有效。我開始打字，而且不再需要刪除文字。當我讓自己從這個故事中抽離，不再以個人的態度面對之後，一切就開始有了進展——儘管微小又緩慢，畢竟也在持續漸進，因為我堅持著。接下來我得解決另一個相關的問題。由於疫情的關係，我的自由寫作工作幾乎完全中斷。我知道自己擁有足夠的素材將這個故事寫成一本書，而來自出版社的預付款可以幫助我將這本書完成，於是我整理了提案並與一位出版經紀人簽約，然後經紀人就將提案寄給各家出版社的編輯。到了六月的時候，一間出版社對這本書有興趣並與我進行一次視訊會議——對方開出一個條件——他們希望這本書不要以新聞報導式的體裁完成，而是一本回憶錄。

我最不想寫的就是回憶錄。我家中書架上的那些回憶錄多半來自那些曾經深刻探索自我的女性作家，她們的回憶綠最終都會導出關於希望與樂觀的結論。那些書的結尾，要不是在說作者學會了愛自己的方式，就是與某人墜入愛河——或者以上皆是，最後過著從此幸福快樂的日子。這種回憶錄通篇都是為了傳達情感而存在的文字。我並不擅長分享內心的感受，也不怎麼想對這個世界掏心掏肺。如果可以的話，我寧願沒心沒肺沒感情。我從小受到的教育就是，情緒是會帶給他人（也就是我父母）困擾。我一生都在逃避、壓抑並否定自己的情感。

儘管如此，我畢竟也已經為了這本書付出這麼多了，如今也沒有道理放棄。我壓抑內心想要強調自己是記者，而不是回憶錄作家的衝動，終究選擇妥協並同意了。當出版社寄來合約時，我在最後一頁簽了自己的名字。我告訴自己——我可以的。只要把故事寫出來就可以了。

因此，我提筆寫下那些從未描述過的事情，那些我以為已成往事卻一路相伴而來的人生故事，那些我一直想要隱匿的故事，因為我曾經以為這些事情會讓我看起來太過軟弱，或像個走錯人生道路的人，又或是像一個總在渴望那些不可得事物的小女孩。我寫下自以為在出生當天所發生的點點滴滴，寫下布洛克計畫的緣起以及最早知道自己身為研究對象

的記憶；我寫下父母離異、十歲時的第一次憂鬱期以及母親的憂傷；我寫下那些愛讀書的女孩、那些被貶低為蕩婦的女孩以及兄弟會街上的那些派對；我寫下青少年時期接受評估的經歷、珍的去世，以及我與傑克的相遇；我寫下了父親的離世，寫下二十七歲時的第二次憂鬱期，還有第一次拜訪脫衣舞俱樂部的經歷；我寫下了認識色情片演員的經歷，寫下參觀色情片拍攝現場的經過，以及驅使我搬到洛杉磯的動機；我寫下身為記者的日常，寫下「色情谷」如何讓我感受到生命的活力以及我收藏的那些色情影片；我寫下搬到紐奧良並經歷颶風的經歷，以及後來被朋友收留的日子；我寫下我與父親第二個家庭之間的疏離，以及與母親、姊姊之間的漸行漸遠；我寫下當女服務生的生活、搬到奧斯汀、再搬到芝加哥；我寫下與後來成為我先生的男人之間的相遇、私奔的故事，以及他如何讓我感到安定；我寫下了罹患癌症、治療與康復的抗癌歷程；我寫下作為癌症病人回頭探索自己過去作為活體實驗對象的經歷，而這個經歷將我重新帶回布洛克計畫的原因，以及這項研究如何讓我對自己產生更深刻的理解和促使我前往加州的那一段旅程。我寫下與自己走進婚姻的那個人，最後竟不是我以為的那個人的故事，也寫下他如何讓我感到恐懼以及我是怎麼自己嚇自己的。我寫下了婚姻結束的那一天，離婚並離開佛羅里達；我寫下再次搬回洛杉磯，獲得柏克萊大學的學術研究獎助並再次重返洛杉磯的故事；我寫下得知自己在研究中的原始資料似乎早已被銷毀並意識到自己其實並不怎麼特別，而我不過就是整個實驗中的一個數據點罷了，最終也明白自己永遠無法知道那場心理實驗對於我長大之後的預測為何——至少沒有得到任何具體明確的答案。

砰。

接著是二〇二一年夏天，我的公寓就跟烤箱一樣炙熱。我從書桌前起身走到前門去拿亞馬遜寄來的包裹。一股熱浪在我開門的瞬間迎面而來。我撿起包裹並夾在腋下，迅速退回室內。冷氣機過度運轉的聲音在客廳裡隆隆響著。我坐在沙發上撕開包裝的塑膠信封，裡面是傑克的最後一本著作《邁向整合理論：人格作為情感處理系統》（*Personality as an Affect-Processing System: Toward an Integrative Theory*）。我在佛羅里達時就讀過這本書，不過搬家時弄丟了。出版於二〇〇二年，當時傑克的健康已經每下愈況。根據他的理論表示，人格是會根據周遭環境進行調整的一套系統。基本上來說，你就是你自己，不過人生的經驗也同時在塑造著你。就我所知，這本書出版後並未引起很大的迴響，就像今天這本書被丟在我家門前一樣的悶聲落地。布洛克計畫起始於一九六〇年代末期，人格這個概念在當時仍備受爭議。等到傑克這本書問世時，人格已被視為理所當然的存在。如今，五大性格特質（Big Five）蔚為主流，而在這個理論模型中的五種特質（經驗開放性、盡責性、外向性、親和性以及神經質）則組成了人格的分類系統。無庸置疑，爭論已經結束。

我將書擱在一旁。人格研究學者的研究方式就像靈長類動物學家研究猴子一樣。對他們來說，一個人是可以被解開的一套系統，就像一道可以解題的公式，就像一個可用來採集寶貴數據的容器。然而，布洛克計畫所認識的我，僅只是我所展現出來的那一部分而已。我們這群受試者是更勝於一群數據資料的存在。一個人的身上可以擁有某種難以言喻的東西，不管是叫做精神、靈魂，或其他名稱，那是一種無形的力量，甚至連擁有者都難以理解，更別說是讓一位退居象牙塔的研究人員來加以擷取及量化。正是那股力量在推動著我向前邁進，將我帶離加州、挺過颶風、戰勝癌症、逃離那個令我恐懼的男人，一路向北，再折返南方。那是一種不屈不撓的精神，一種原始的的生存本能，或可以說是一種信仰——相信有某種超越科學的存在，而那是屬於我的。

我在接下來的幾個月裡依舊在持續寫作，不過腦中卻浮現一個令我不安的念頭。每個故事都應該由三段劇幕組成。我在十年前踏上了這段英雄史詩之旅，試圖重新認識自己、認識這個世界以及我的過去。我在這一路上克服了重重難關，也戰勝了敵人並回到了原點。不過在第三幕裡，我應該要有所轉變。我應該再次墜入愛河，或是以某種前所未有的方式學會愛自己、接納自己或是放下過去，成為自己命中注定要成為的那個人。然而，我不知道自己是否真的變了，還是我依然是那個躡手躡腳跨入兒童研究中心西側教室門檻並成為實驗白老鼠的四歲孩子。我坐在書桌前望著窗外，電腦螢幕亮著，等待著什麼。

——

我的手機響了。

時間是二〇二二年的六月中旬，當時我剛搬進另一棟公寓大樓，距離我原本住的地方不遠。我在舊公寓時是住在樓上，樓下則是住著那棟大樓的管理員。這位管理員在疫情期間養成了日夜抽大麻的習慣。我並不介意他抽大麻，畢竟大麻在加州是合法的，不過我在意的是他在我們這棟禁止吸菸的大樓裡抽大麻，導致我的衣服、床單、毛巾都沾上了濃濃的大麻氣味。儘管我用盡所有辦法也無法讓房東制止他，畢竟他是大樓管理員，水槽壞了及馬桶漏水都得靠他來修理，所以他顯然比我更重要，於是我只能選擇搬走。

新的公寓比較小，但是維護得更好，我也能有更多隱私。我坐在客廳查看手機，來電顯示是愛達荷州的一座城市。據我所知，我不認識任何住在那裡的人。平常這種陌生來電我是不會接的，直接進入語音信箱，因為我覺得那些多半都是垃圾電話。然而，不知道什麼原因，這次我沒有那麼做，我反而接起電話，結果是我姊姊打來的。

「媽媽今天早上去世了。」她說。

我已經超過十年沒和我姊姊聯繫了，與母親也有五年沒聯絡，上次見面還是七年前。我曾在腦海中無數次幻想接到這通電話的場景。媽媽過世了，我姊會在電話另一頭這麼說。我幻想著自己在當下會有什麼感覺？會不會後悔與母親斷了聯繫？會不會被悲傷淹沒？會不會因為永遠沒有機會再與她修復關係而感到遺憾，畢竟她已經過世了？

我姊姊繼續解釋說我們的母親是死於阿茲海默症晚期併發症。我根本不知道母親罹患阿茲海默症。「情況非常糟糕。」她繼續說著。我的母親經常進進出出醫院，神智失常又常常對周遭的人發脾氣，行徑相當瘋狂。她有時會問我姊姊我為什麼沒去看她，我姊姊就會告訴她，因為我選擇與家人疏遠。過一會兒，母親就又忘了我姊姊說過的話，我姊姊又得再解釋一次。直到一年半前，我姊姊從加州搬去愛達荷州，而我們的母親還是留在加州。

聽著姊姊說著那些話時，我回想起小時候的一些過往。我們有時候會經過柏克萊某條繁忙街道上的一家養老院，母親就會指著那裡並對我與姊姊說，「等我老了，你們一定會把我丟在那裡等死吧！」說完她會開始笑著，好像是在開玩笑似的。那真的是在開玩笑嗎？也許她早就懷疑我們其中一個總有一天會背叛她。也許那是因為她曾經那麼多次說出「我再也不想當媽媽了」這句話，我們其中一個（很明顯就是我）就得出這樣的結論——她（也就是我）再也不想當她母親的女兒了。當孩子聽見親生母親說出這樣的話，那個曾經在她的子宮裡孕育你九個月的女人表示她不想要你，或不想撫養你（這兩者有什麼差別嗎？），你自然會原諒自己離開這段關係的選擇，那是一種自保的方式。到頭來，母親離開這個世界的方式正是她長久以來最害怕的方式——孤獨終老。

我姊姊說她會發簡訊告訴我接下來的安排。我茫然地掛掉電話，打開前門並在階梯上坐下來。門前那棵松樹的長影投射在小小的中庭裡。不遠處，有隻烏鴉嘎嘎叫了幾聲。新割的草地散發著一股清新的香氣，飄蕩在空氣中。

我的感受如何？我其實難以描述。我的母親過世了，答案顯而易見——我鬆了一口氣。就像從肩上卸下重擔，就像從未曾察覺的一座無形牢籠中獲得釋放，就像我在午餐時對莎拉說的——我被人掐著脖子很久了，而那雙手終於鬆開了，我終於能夠再次呼吸了，於是我狠狠地吸了一大口氣。我的母親走了，這是無法改變的事實，而我還活著。我深吸了一口氣，再慢慢吐出。她再也不需要跟我說她再也不想當個母親了，她終於得到解脫了。

我姊姊安排了一場追思會，不過我沒有出席。當時病毒正在迅速蔓延，而我不想要生病。我也想迴避那個場面，聽那些讚美死者的演講，以及那些人群。我內心有些愧疚，但那只是種模糊的情緒，我有送花。幾周之後，我收到姊姊的簡訊表示葬儀公司已經按照母親的遺願處理她的骨灰——他們將她的骨灰撒在馬林岬角外的那片海域。母親的遺骸碎屑都隨著海水載沉載浮，穿過魚群之後緩緩沉入太平洋混濁的深處。

七月下旬的某天，我外出辦事回家後，發現門口的墊子上擱著一個快遞信封。打開後是一份母親的信託文件。她留給我五萬美元，其餘都留給我的姊姊。我的母親曾經修改遺囑，而她在先前的版本中是將遺產平均分配給我與姊姊。假如我不對這份信託文件提出異議，那筆錢將在一百二十天內入帳。基本上，我的母親是將我排除在遺產受益人之外，不過這是她的權利。這份文件還甚至明文列出，如果我姊姊這位主要受益人、次要受益人以及第三順位受益人都比我母親早過世的話，那我也將被視為比她早過世的人。

「除非踏過我的屍體，不然你休想。」彷彿是她的意思。

很久很久以前，有一座綽號「怪奇柏克萊」（Berzerkeley）的城市，我們這群實驗對象還都只是孩子。我們的父母是教授、郵差、建築師、公車司機、公務員或家庭主婦。我們來自不同的種族、階級與族裔背景，並在基督教、猶太教、佛教、伊斯蘭教或無宗教信仰的家庭中成長。我們是六〇年代灣區人的子女，不論他們住在那裡的理由是巧合或自己選擇的。我們位在言論自由運動的原爆點，而民權運動與女性主義運動在當時也正席捲全美。瑪洛・托馬斯（Marlo Thomas）與美國婦女基金會於一九七二年製作了《自由自在做自己》（*Free to Be... You and Me*）專輯，而我們就是她所說的那群孩子——該專輯推廣性別平等、寬容，以及每個人都可以有所成就的根本理念，同名主題曲描繪的是一個孩子們可以自由成長的未來國度。

我們大約十歲時曾在布洛克位於肯辛頓的家重聚，那裡離我父母當時的粉紅色灰泥房子不遠，而他們的婚姻正在漸漸地崩毀。我還記得當天的情景，許多孩子在那裡追逐打鬧，而我因為害羞（說實話，至今還是一樣）總是在周遭徘徊。就在那天，我曾與這群研究對象（或其中的大多數）共處一室——當時有些人已經搬家了，不過其中有許多人還是接受後續的研究追蹤，而且還持續了很多年。我的腦中對這些人似乎都還有印象，只是隨著歲月的流逝，印象也逐漸模糊了。

事實上，其中有幾位一直都在我的周遭生活著。編號一八三就是其一，我之前認識他——他是和我同班的小男孩，我們的父母也互相認識。當我打電話給他時，他表示自己曾參與這項研究，不過大約在青春期就退出了，因為當時他父母的婚姻狀況不太好，而要與陌生人（研究人員）分享這些私事讓他相當難為情。編號四二九是我在八年級時認識的書呆子女孩。她表示她的母親在她還在幼兒園時就選擇退出研究，因為她的母親不喜歡研究人員觀察她的女兒——天曉得這樣對一個小女孩會不會造成什麼影響呢？編號五六六是一個很有運動細胞又溫柔的高挑女孩，我們在高中時期還算熟。我後來得知她在三十多歲時就過世了，令人唏噓。

某一天，我人在柏克萊ＩＲＰ調查報導辦公室收到一封電子郵件，標題相當詭異地寫著「人類實驗白老鼠同儕嗎？」（Fellow human lab rat）該郵件來自年紀比我稍長且住在灣區的一位男子。他在某個交友網站的廣告郵件中看到我的縮圖照片——我曾是那個網站的會員，不過後來停掉了。他在好奇心的驅使下用那張照片在網路上搜尋我的身分，而當他看到我在ＩＲＰ調查報導辦公室的研究之後，就發現了一個有趣的巧合。他曾經就讀加州大學柏克萊分校開設的一間實驗幼兒園，地點就在兒童研究中心的附近，而他已故的弟弟正是我那間幼兒園的孩子，也同樣是布洛克計畫中的一員。我在網上搜尋了這位男子的名字，發現他相貌英俊，事業有成，而且身高比我還高。我們說好相約喝杯咖啡。我在收到他的電子郵件到正式約會之間的這段時間，腦補著這段故事或許會引領我朝著意想不到的方向前進——譬如一段愛情故事。他個性很好，聰明又親切，我也對他有意思，不過之後他只是又寄了幾封郵件給我，見面的事情也就不了了之。

這就是人生吧。

—

縱貫研究（longitudinal studies）有著盤根錯節的根基，不僅與優生學緊密相關，也在矽谷的歷史土壤中根深蒂固。一九二一年，提倡優生學的史丹佛心理學家劉易斯．特曼（Lewis Terman）發起名為「天才的遺傳研究」（Genetic Studies of Genius）計畫，而該計畫也是目前歷史最悠久且持續時間最長的縱貫研究之一。特曼相信智力是經由遺傳而來的，主張對「心智柔弱者」進行強制絕育。資優兒童在當時常被當作「可憐蟲，過度認真、體格瘦小、胸腔凹陷、駝背、笨拙、緊張又神經質」，而這些孩子長大之後不是默默無聞又精神失常，就是無法實現自幼被大人寄予的厚望。特曼本人就是個資優兒童，他希望透過研究去證明「天才」其實比一般人更高、更壯又更健康，而且從生物學的角度上就注定要飛黃騰達。他改良阿爾弗雷德．比奈（Alfred Binet）與西奧多．西蒙（Théodore Simon）所創建的比西量表（Binet-Simon test），而這個改良版的測驗就是史丹佛．比奈智力量表（Stanford-Binet Intelligence Scales），至今仍是世界上最廣泛使用的智力測驗之一。特曼從加州各地精挑細選超過一千位智商超過一百三十五的學童（其中也包括他自己的兒子及女兒，這點是有悖研究倫理的），並進行長期追蹤研究。然而，他無法抗拒誘惑不去介入這些研究對象的生活。他經常在背後運作並幫助「我那些資優孩子（他對研究對象一貫如此稱呼）」進入頂尖大學，甚至幫他們擺平法律糾紛。儘管部分「特曼人」（Termites）確實成就不凡，不過大部分卻沒有。特曼最終不得不承認：「無論如何，我們都知道智力與成就之間遠非完美的正相關。」

根據《史丹佛雜誌》（*Stanford Magazine*）於二〇〇〇年七／八月號中的專文〈劉易斯．特曼留下的困惑〉（The Vexing Legacy of Lewis Terman）所述，「兩位當年未能入選的兒童——威廉．蕭克利（William Shockley）與路易斯．阿爾瓦雷茨（Luis Alvarez）——卻是日後諾貝爾物理學獎得主。〔……然而〕沒有任何一位特曼孩子曾獲得諾貝爾獎或普立茲獎。」智商不能決定命運。

無論如何，身為特曼研究對象的經歷已經對許多人的人生造成影響。四分之一的男性受試者與將近三分之一的女性受試者表示，成為「特曼孩子」這件事改變了他們的人生。對某些人來說，「天才」的標籤賦予他們追求卓越的信心，使他們達到原本可能無法企及的高度，而對另一部分的人來說，這個頭銜卻成為沉重的負荷，他們在資優標籤下掙扎地活在他人的期望之下，有些人甚至無從得知特曼在背後操弄一切的程度，及其對自己的人生軌跡究竟造成了多大影響。

當我書寫到接近本書的結尾時，我開始思考「受試者」對我的人生所帶來的影響。某位退休的加州大學柏克萊分校心理學教授曾經告訴我——他主持過幾項不僅要觀察，還要介入受試者人生的縱貫性干預研究，他形容我們的數據集「龐大又美麗」——「凡是參與這項研究的人都會受到這項研究的影響。」假若沒有布洛克計畫，我根本不會展開這段調查探索之旅。我在這樣的探索過程中成了自己的觀察者效應——當我藉由重返過往、重新詮釋並改寫自己人生的故事時，我也在無形之中改變了自己的人生故事。就某種層面而言，現在的我就是那個在托爾曼大樓實驗室發現單面鏡後有人注視的年幼的我。身為研究對象確實在許多層面上改變了我的人生。

母親去世八個月後的某個午後，我停下手頭的寫作並駕車沿著一〇一號公路往西行駛。我在謝爾曼奧克斯的伍德曼大道出口下交流道，目的地是一家古董商場。我腦海中一直惦記著小時候擁有的那個鐵皮娃娃屋，正想買個類似的收藏。我在商場後面的房間裡看到一排與我記憶中相似的娃娃屋，於是便選了一座最像的帶回家，另外還買了幾十件搭配的小型塑膠家具。回到家之後，我又在網上訂購幾個專為這類娃娃屋設計的人物模型。包裹在一周後送達。我仔細查看著這些模型，底座都刻著他們扮演的角色，有母親、父親與姊姊。我坐在地板上布置著娃娃與家具，刻意忽略腦海中那個「都幾歲了還在玩娃娃屋」的聲音。母親左手插著腰並站在廚房裡，盯著孩子（象徵著我的孩子）坐在假油布地板上，母親的神情透漏著不悅。我將姊姊安置在樓上的房間，她正心不在焉地望著窗外。父親握著菸斗坐鎮在客廳之中，面向著娃娃屋敞開的那一側，彷彿正要對著看不見的觀眾發表一場重要的演說。

當我把玩著娃娃屋裡的東西時，心裡想著現在那個腫瘤寶寶的年紀大概和我經歷父母離婚時的年紀差不多吧。我以為腫瘤寶寶跟我會有著不同的命運——腫瘤寶寶的父母不會離婚，腫瘤寶寶不需要花這麼長的時間壓抑內心那些不愉快的情緒。腫瘤寶寶會快樂地成長，活出真正的自我。

我在母親節那天完成了這本書。我靠在椅背上凝視著書中的文字。如今的我，沒有丈夫，沒有孩子，也沒有童話般的人生結局，不過卻擁有一本自己長久以來很想要書寫的作品。我在寫作過程中成了自己人生故事的作者。我關上檔案，打開網頁瀏覽器。我的過去受到人格心理學研究者的監視，而現在監控我的是市值數十億美元的科技公司。當我每天上網、使用手機與開車導航時，他們都在挖掘並變現我的數據——而這一切，都是我授意的。這些「老大哥」們正在這個華麗的新科技世界裡密切地注視著我們，目標不再與科學啟蒙有關，而是為了盈利的社會工程。

現今世界的我們都是「數據寶寶」。這世上的某個地方，數位裝置正在共同教育某個小女孩的成長，目的不是為了預測她的未來，而是為了讓她知道自己是誰，以及她的需求是什麼——操控她的行為並為她做出抉擇。

她長大之後想要成為什麼樣的人呢？

■

謝詞

特別感謝莉迪亞・奈茲爾（Lydia Netzer），感謝你讓我振作起來並開始寫作；莎拉・卡塔尼亞（Sarah Catania），感謝你與我一起在回憶錄的戰壕中並肩作戰；薇琪・品松（Vickie Pynchon），感謝你分享的智慧；米娜・梅克爾（Mina Merkel），感謝你睿智的建議；蓋瑞爾・羅賓遜（Geryll Robinson），感謝你成為我的嚮導；賈斯汀・柯恩（Justin Cohen）、馬特・楊（Matt Young）及卡瑪斯・戴維斯（Camas Davis），感謝你們的友情與支持；彼得內爾・凡・亞斯德爾（Peternelle van Arsdale），感謝你擔任我的編輯；茉莉・葛利克（Mollie Glick），感謝你當我的經紀人；創新藝人經紀公司（Creative Artists Agency），感謝你們的各種協助；阿歇特圖書集團（Hachette Book Group），感謝你們出版這本書；提姆・威爾納（Tim Weiner），感謝你選擇了我；莎拉．史提爾曼（Sarah Stillman），感謝你的鼓勵；耶魯大學Thread課程，感謝你們提供一個說故事的空間；洛根非虛構寫作計畫（Logan Nonfiction Program），感謝你們的魔法教室；加州大學柏克萊分校ＩＲＰ調查報導計畫，感謝你們的獎助支持；吉塔．阿南德（Geeta Anand），感謝你的傾聽；我的小幫手們——貝蒂．馬奎斯．羅沙勒斯（Betty Márquez Rosales）、凱西．史密斯（Casey Smith）、西西莉亞．雷（Cecilia Lei）與阿里．德法吉歐（Ali DeFazio），感謝你們的幫忙；國際婦女媒體基金會（International Women's Media Foundation）之下的霍華德．G．巴菲特女性記者基金（Howard G. Buffett Fund for Women Journalists），感謝支持；羅素．賽奇基金會（Russell Sage Foundation）的社會科學暑期新聞研討會，感謝你們提供的課程；布洛克計畫，感謝你們選擇我成為研究對象的一員；我的母親，感謝你把我送進那所幼兒園；我的父親，感謝你讓我知道什麼是作家的樣子並鼓勵我走上相同的道路；還有我的心理治療師麥克．巴德爾（Michael Bader），感謝你讓我覺得自己沒有想像中那麼瘋癲，而且從未放棄過我。

我被心理實驗監控的人生

〔identity〕013

Data Baby: My Life in a Psychological Experiment

作者 蘇珊娜・布雷斯林（Susannah Breslin）
翻譯 李昕彥
副總編輯 洪源鴻
責任編輯 洪源鴻
行銷企劃 二十張出版
封面設計 傅文豪
內頁排版 宸遠彩藝

出版 二十張出版／左岸文化事業有限公司
發行 遠足文化事業股份有限公司（讀書共和國出版集團）
地址 新北市新店區民權路108-3號3樓
電話 02・2218・1417
傳真 02・2218・8057
客服專線 0800・221029
信箱 akker2022@gmail.com
Facebook facebook.com/akker.fans
法律顧問 華洋法律事務所—蘇文生律師
印刷 呈靖彩藝有限公司
出版 二〇二五年十月—初版一刷
定價 四五〇元

ISBN｜978-626-7662-96-0（平裝）、978-626-7662-93-9（ePub）、978-626-7662-94-6（PDF）

我被心理實驗監控的人生
蘇珊娜・布雷斯林（Susannah Breslin）著／李昕彥譯／初版／新北市／二十張出版／左岸文化事業有限公司出版／遠足文化事業股份有限公司發行／2025.10
272 面；14.8x21 公分
譯自：Data baby : my life in a psychological experiment.
ISBN：978-626-7662-96-0（平裝）

1.CST：布雷斯林（Breslin, Susannah）　2.CST：兒童心理學　3.CST：人格發展
4.CST：實驗研究　5.CST：回憶錄　6.CST：美國

785.28　　114011227